Anselm Grün
Lebe dein Leben

**topos** taschenbücher, Band ⌄⌄⌄

ANSELM GRÜN

# Lebe dein Leben

**topos** taschenbücher

**Verlagsgemeinschaft topos plus**
Butzon & Bercker, Kevelaer
Don Bosco, München
Echter, Würzburg
Lahn-Verlag, Kevelaer
Matthias-Grünewald-Verlag, Ostfildern
Paulusverlag, Freiburg (Schweiz)
Friedrich Pustet, Regensburg
Tyrolia, Innsbruck

Bibliografische Information der Deutschen Nationalbibliothek
Die Deutsche Nationalbibliothek verzeichnet diese Publikation in der
Deutschen Nationalbibliografie; detaillierte bibliografische Daten
sind im Internet über http://dnb.d-nb.de abrufbar.


2009 Verlagsgemeinschaft **topos** plus, Kevelaer
2. Auflage
Das © und die inhaltliche Verantwortung liegen beim
Matthias-Grünewald-Verlag, Ostfildern
Originalausgabe

Einband- und Reihengestaltung | Finken & Bumiller, Stuttgart
Herstellung | Pustet, Regensburg
Printed in Germany


Topos ISBN: 978-3-8367-0658-2

www.toposplus.de

# Inhalt

# Ein Wort zuvor

Das Leben ist eine Kunst –
und auch die will gelernt sein!

Wenn wir ins Leben kommen, werden wir nicht gefragt, ob wir das nun möchten oder nicht. Unser Dasein ist ein Geschenk, für das wir höchstens noch unsere Eltern zur Rechenschaft ziehen können, aber letztlich liegt es auch nicht in ihren Händen, ob Leben entsteht oder nicht. Und auch nicht, was aus dem Kind einmal für ein Mensch werden wird, wenn es, erschöpft wie Mutter und Vater, endlich in deren Armen liegt und auf der Erde angekommen ist.

Unser Leben ist und bleibt ein Geschenk Gottes, etwas, das sich unserem Machen-Können völlig entzieht. Manch einer empfindet in Krisen oder im täglichen Einerlei sein Leben oft eher als Last denn als Lust, und er mag in schweren Tagen auch schon einmal mit seinen Eltern hadern, die ihn ohne zu fragen dort »hineingeschubst« haben. Sie mögen uns zwar Wärme und Werte, Erziehung und Chancen mit auf den Weg gegeben haben, es bleibt uns aber letztlich immer selbst überlassen, diesen Weg nun zu gehen, selbst verantwortlich zu sein, unser Leben zu leben oder gar zu führen, wie es im Sprachgebrauch heißt. Führen beinhaltet aber eigentlich immer, dass es eine Richtung gibt, in die man unterwegs ist, ein Ziel, auf das der Weg hinführt. Und oft genug haben wir das Gefühl, dass uns selbst das Ziel dabei verborgen geblieben ist, wir es nicht sehen können, es vielleicht gar nicht existiert oder wir es aus den Augen verloren haben.

Das vorliegende Buch möchte Ihnen dabei »Lebens-Hilfe« im besten Sinn sein: Sein Leben zu führen ist alles andere als einfach, es ist vielmehr eine Kunst, die gelernt sein will. Und dennoch: Bedeutet das Geschenk des Lebens, das Gott jedem von uns bei seiner Geburt macht, nicht auch, dass er

Vertrauen in jeden von uns hat, dass jeder Einzelne von uns das Talent hat, zu leben, dass er uns zutraut, dieses Ziel, auf das wir zugehen, auf das wir unser Leben hin führen, zu finden oder wiederzuentdecken? Vielleicht ist es oft über die Erfahrungen, die wir in den zurückliegenden Zeiten unseres Lebens gemacht haben, verschütt gegangen. Vielleicht wussten wir als Kinder noch, wie Leben geht. Damals schien es uns einfach und selbstverständlich, jeden Tag aufzustehen und zu leben. Heute ist es manchmal schwierig, sich dazu zu motivieren. Dann fehlt uns der Einblick in den Sinn, weshalb wir dies auch morgen wieder tun sollten. Ein andermal ist uns sozusagen das Handwerkszeug abhanden gekommen, um unser Leben zu leben, wir wissen nicht mehr, wie das geht.

Dieses Buch möchte Ihnen ein solches Handwerkszeug sein, es möchte Ihnen helfen, Ihr Leben wieder als das kostbare Geschenk zu entdecken, das Sie sind. Dabei soll es gerade nicht darum gehen, das Dunkle in Ihrem Leben auszublenden oder schönzureden, wie es uns heute Werbung und Fernsehen vorgaukeln. Zur Lebenskunst gehört das Dunkle, der Schatten ebenso wie die Freude und die Lust am Leben. Wahre Lebenserfahrung zeigt: Erst, wenn Sie diese Seiten ernst nehmen und annehmen können, werden Sie die Freude und die Lust am Leben als echt und tief erfahren.

Ich würde mich freuen, wenn Sie am Ende der Lektüre und dieser kleinen Reise durch die Höhen und Tiefen des Lebens etwas wiederentdecken können: das Vertrauen, das Gott Ihnen geschenkt hat, als er Sie ins Leben gestellt hat, dass Sie Ihr Leben leben können. Und im nächsten Schritt kann dieses Vertrauen vielleicht zu Ihrem eigenen Vertrauen, Ihrem Selbst-Vertrauen ins Leben werden.

Ihr Pater Anselm Grün, im Frühjahr 2008

# Sei gut zu dir!

Von mir selbst und der
Kunst des Lebens

Häufig begegnen wir Menschen, die sich selbst wehtun in ihrer Arbeit. Sie kennen nur noch Arbeit. Sie sind so besessen von ihrer Arbeit, dass sie sich keine Zeit gönnen, sich zu erholen. Sie haben keine Zeit, spazieren zu gehen oder sich hinzusetzen, um ein Buch zu lesen. Und viele brüsten sich dann damit, dass sie schon lange keinen Urlaub mehr gemacht haben. Bei anderen ist es nicht das Maß der Arbeit, mit dem sie sich selbst wehtun, sondern die Art und Weise, wie sie arbeiten. Sie sind ständig in Hektik, rennen von einem zum anderen. Sie fühlen sich immer gestresst. Aber sie tun nichts gegen den Stress. Manchmal ist der Stress fast zum Statussymbol für die eigene Wichtigkeit geworden. Stress zeigt aber immer, dass einer nicht gut mit sich umgehen kann.

Stress kann drei Ursachen haben: Einmal ein Zuviel an Arbeit, wenn man entweder zu lange arbeiten oder zu viel in der vorgegebenen Zeit unterbringen muss. Zum Zweiten die innere Haltung, sich in der Arbeit beweisen zu müssen, vor den anderen gut dastehen zu müssen. Dann läuft man seiner Identität in der Arbeit nach, weil man sie nicht in sich selbst hat. Die dritte Ursache kann der innere Widerstand sein, den eine Person gegen die Arbeit hat. Sie meint, dass sie eigentlich für eine andere Arbeit geschaffen sei, dass sie bessere Mitarbeiter verdient hätte und dass die Arbeit eigentlich sinnlos und langweilig sei. So reagiert sie passiv mit innerer Ablehnung und fühlt sich ständig erschöpft. Es hat keinen Zweck, über seinen Stress zu jammern. Wer das tut, ist selbst schuld. Ich muss versuchen, die Ursachen für meinen Stress zu entdecken und dann die nötige Abhilfe zu schaffen.

Etwas zu leisten tut dem Menschen gut. Wenn ich etwas geleistet habe, kann ich mich stolz zurücklehnen und dankbar für den Erfolg sein. Der Mensch braucht die Leistung. Sie fordert ihn heraus und lockt seine Fähigkeiten hervor. Für Peter Schellenbaum ist die Hingabe an die Arbeit die Voraussetzung für echte Menschwerdung. »Tiefgreifende Veränderungen der Persönlichkeit geschehen nur in der Hingabe an einen Menschen oder ein Werk … Sich ganz einer Tätigkeit hinzugeben, sei diese geistig oder körperlich, heißt zu einer einzigen strömenden Bewegung zu werden. Das Selbst befindet sich immer am Punkt der intensivsten Hingabe.« Was aus dem Menschen wird, der nichts leisten kann, weil er arbeitslos ist, können wir zur Genüge sehen. Aber schlimm wird es, wenn sich jemand nur durch seine Leistung definiert. Dann wird die Leistung zum Zwang. Wenn ich mir durch die Leistung meinen Wert beweisen muss, werde ich innerlich immer leerer. Ich spüre mich nicht mehr. Ich bin nicht mehr bei mir. Ich lasse mich von der Leistung versklaven. Menschen, die sich von ihrer Leistung definieren, gehen oft sehr hart mit sich um. Sie leisten immer mehr, gehen an ihre Grenze und überschreiten sie oft genug. Dann geschieht oft, was Bernhard von Clairvaux dem Papst geschrieben hat: dass ihr Herz hart wird, dass sie kein Gespür mehr für die Menschen um sich herum haben, ja dass sie das Gespür für sich selbst verlieren. Irgendwann stehen sie dann vor der eigenen Leere und haben das Gefühl, sich um das Leben betrogen zu haben.

Gut mit sich umgehen kann nicht heißen, dass ich mir alle Wünsche erfülle. Denn dann werde ich total abhängig von meinen Wünschen und Bedürfnissen. Wer jedes Bedürfnis sofort erfüllen muss, kann nicht wachsen. Er wird nie ein starkes Ich entwickeln. Er ist seinen Bedürfnissen und Launen ausgeliefert. Askese als Verzicht etwa im Fasten ist etwas Gutes, das sich der Mensch antut. Natürlich ist der erste Schritt zum Verzicht oft schmerzlich. Wenn ich einen Fastenkurs halte und selbst mitfaste, habe ich eine Woche vorher meistens keine Lust dazu. Ich weiß zwar theoretisch, dass mir das Fasten gut tut. Aber mich dann darauf einzulassen, kostet erst einmal Überwindung. Wenn ich aber dann angefangen habe zu fasten, spüre ich, wie es mir gut tut, wie es mich frei macht. So ist es mit jedem Verzicht. Ich frage mich, ob das jetzt sein muss. Ich darf mir doch auch mal etwas gönnen. Natürlich darf ich mir etwas gönnen. Aber wenn ich mich jeden Abend mit Süßigkeiten zustopfe, dann tut mir das nicht gut, dann gehe ich nicht gut mit mir um. Ich habe eine negative Meinung von mir. Ich traue mir nichts zu. Wenn ich jedem Wunsch nachgebe, dann wächst in mir die Enttäuschung und der Ärger über mich. Ich tue mir weh damit. Wenn das lange genug geschieht, dann gebe ich mich auf und bekomme eine katastrophale Meinung von mir. Die Selbstaggressivität wächst. Die Unzufriedenheit mit mir selbst macht mich nicht nur aggressiv auf mich selbst, sondern auch auf die andern um mich herum.

Damit wir unseren Schatz in der Innenwelt unserer Seele suchen, müssen wir unserem Streben nach äußerem Besitz Grenzen setzen. Sonst werden wir davon beherrscht und umgetrieben. Dabei geht es nicht zuerst um Radikalität, sondern um ein gutes Gleichgewicht zwischen Sich-Gönnen und Verzichten, zwischen Besitzen und Loslassen. Die Habsucht wird verwandelt, wenn wir unseren inneren und äußeren Besitz mit anderen teilen. Es geht nicht um Lebensverneinung, sondern um Teilen des Lebens. Der Besitz lässt uns teilhaben an Gott, wenn wir ihn mit unseren Brüdern und Schwestern teilen.

Die Lustlosigkeit, die Unfähigkeit, sich auf den Augenblick einzulassen. Man ist nie dort, wo man gerade lebt. Wenn man arbeitet, möchte man beten. Wenn man betet, findet man keinen Geschmack daran. Man kann weder die Arbeit noch das Gebet, ja nicht einmal das Nichtstun genießen. Immer möchte man woanders sein. Lustlosigkeit ist eine innere Zerrissenheit. Man hat keine Mitte mehr, von der aus man sich auf die Arbeit oder auf das Gebet oder auf das Nichtstun einlassen könnte. Man wird von den äußeren Dingen hin und her gerissen.

Es hat keinen Zweck, sie moralisch anzuschauen und sich zusammenzureißen. Ich soll sie nicht einfach unterdrücken, sondern mich in den Grund meiner Unlust hineinfühlen. Was entdecke ich auf dem Grund meiner Unzufriedenheit? Vielleicht will da in mir etwas anderes sich entfalten und aufblühen, was ich bisher vernachlässigt habe. Vielleicht komme ich an die Grundentscheidung meines Lebens, ob ich ja sage zu mir und meinem Leben, so wie es geworden ist, oder ob ich in der Auflehnung dagegen verharre. Vielleicht entdecke ich meine Unfähigkeit zur Beziehung, meine Weigerung, mich wirklich einmal treffen zu lassen von Gott, von einem Menschen.

Das Ziel des geistlichen Lebens ist, gemäß meiner Berufung von Gott her zu leben. Das bedeutet aber auch, meinem Wesen, meinem wahren Selbst entsprechend zu leben. Und es heißt, gut mit mir umzugehen, nicht mehr gegen meine Natur zu leben, sondern ihr entsprechend, nicht mehr irgendeinen Bereich aus meinem Leben abtötend, sondern integrierend, damit in allem und durch alles, was in mir ist, »Gott verherrlicht werde« (Regula Benedicti).

Die frühe Kirche sah in Jesus Christus den Erzieher, der uns zum wahren Leben führt, der uns die Kunst des gesunden Lebens lehrt. Die Christen setzen diese Kunst des gesunden Lebens gegen die Maßlosigkeit, die sie in der zerfallenden Kultur des römischen Weltreiches beobachten. Sie sind stolz darauf, dass sie in dieser Welt »besonnen, gerecht und fromm« (Tit 2,12) leben, während viele ihrer Zeitgenossen von ihren Begierden beherrscht und von ihrer Maßlosigkeit zerrissen werden. Sie haben eine eigene christliche Lebenskultur entwickelt, die das Abendland bis in die Neuzeit hinein geprägt hat. Die christliche Lebenskultur war die Kunst des gesunden Lebens, und sie war geprägt von der Barmherzigkeit Jesu. In dieser Lebenskultur hatten alle Menschen Platz, gerade auch die Armen und Entrechteten, die Zukurzgekommenen und Gescheiterten. Sie war geprägt von einer Spiritualität, die gut umging mit dem Menschen, weil sie ihn nach dem Bild Christi geformt hat. Das Bild Christi ist kein Ideal, das uns von außen übergestülpt wird und uns überfordert. Es entspricht vielmehr der innersten Berufung jedes und jeder Einzelnen.

Da haben Menschen ihre Leidenschaften abgetötet, ihre Bedürfnisse. Sie taten so, als ob es ihnen völlig gleich sei, was sie essen. Sie wollten nichts mehr genießen. Aber wenn man sich jeden Genuss missgönnt, wird man ungenießbar und aggressiv. In dem Verbot jeden Genießens steckt viel Aggressivität. Die Welt ist eigentlich schlecht. Wir dürfen sie nicht für uns gebrauchen, wir dürfen sie nicht genießen. Der Mensch ist dazu da, Opfer zu bringen, aber nicht, sich etwas zu gönnen, nicht dazu, ein schönes Leben zu haben. Zu dieser Haltung führte auch ein falsches Verständnis der Passion Jesu. Natürlich gehört zu unserem Leben auch das Leiden. Aber wir dürfen uns dieses Leiden nicht selbst aussuchen. Zunächst hat Gott uns für das Leben geschaffen. Und Jesus ist gekommen, uns das Leben in Fülle zu schenken. Aber wer wirklich leben möchte, der muss auch bereit sein, Ja zu sagen zu dem, was ihn durchkreuzt, Ja zu sagen zu dem Leiden, das ihn treffen kann. Wer Ja sagt zu seiner eigenen Passion, der kann das Leben auch genießen. Denn er muss nicht ständig in der Angst leben, Gott könne ihm alles wieder rauben.

Wer in der Angst lebt, Gott könne ihn bestrafen, der geht leer aus, dessen Leben wird finster, es wird Heulen und Zähneknirschen. Jesus will uns zeigen, dass wir mit einem falschen Gottesbild, mit dem düsteren Bild eines strengen und grausamen Gottes grausam mit uns selbst umgehen und uns das Leben vergällen. Der Glaube an den Gott, der uns von seinem Vermögen mitteilt und sich selbst uns anvertraut, führt zu einem Leben aus dem Vertrauen, zu einer Lust, das zu entfalten, was er uns an Möglichkeiten geschenkt hat, ohne Angst, dass wir dabei etwas verlieren könnten. Weil wir auch verlieren dürfen, weil wir auch Fehler machen dürfen, können wir unser Leben wagen. Das Leben gelingt, wenn wir aus Vertrauen leben und nicht aus Angst, wenn wir unser Leben wagen, weil Gott es uns so reichlich geschenkt hat, und es nicht vergraben, damit es ja keine Schramme davonträgt.

In der Vergangenheit sind manche Worte Jesu dazu missbraucht worden, den Menschen zu überfordern und ihn zu übergroßer Härte gegen sich selbst anzustacheln. In Wirklichkeit sind die Worte Jesu immer Worte des Lebens, Worte, die einladen zum wahren Leben, Worte, die uns davor warnen, hart mit uns umzugehen und an uns vorbeizuleben. Jesus will uns sagen: »Genauso geht Leben, wie ich es dir sage. Wage dein Leben, lebe es selbst und lass dich nicht von anderen leben.«

Als Christen sind wir aber frei. Wir sind nicht mehr den Elementen dieser Welt unterworfen. Das ängstliche Festhalten an Verboten und Geboten ist immer Ausdruck von Misstrauen im Menschen. Und der Mensch geht darin sehr hart mit sich um. Er hört nicht auf sich und seine Bedürfnisse, sondern richtet sich ganz nach außen, er wird von außen gelenkt. Er lebt an sich selbst vorbei. Der Kolosserbrief kündet uns die frohe Botschaft, dass wir nicht von außen, sondern von innen leben sollen, dem gemäß, der wir von Christus her sind.

Über die Therapie hinaus will die spirituelle Begleitung aber auch danach fragen, was Gott dem Einzelnen durch seine Geschichte zumutet und zutraut, wie Gott ihn bisher geführt hat und wozu er ihn berufen möchte. In der spirituellen Begleitung soll der Einzelne seinen Weg entdecken und seine einzigartige Gestalt erahnen, die Gott nur ihm zugedacht hat. Das Ziel des geistlichen Lebens ist, gemäß meiner Berufung von Gott her zu leben. Das bedeutet aber auch, meinem Wesen, meinem wahren Selbst entsprechend zu leben. Und es heißt, gut mit mir umzugehen, nicht mehr gegen meine Natur zu leben, sondern ihr entsprechend, nicht mehr irgendeinen Bereich aus meinem Leben abtötend, sondern integrierend, damit in allem und durch alles, was in mir ist, »Gott verherrlicht werde«.

# Du darfst dir verzeihen!

Von Schuldgefühlen und
vom Vergeben

Sich aussöhnen heißt einmal, sich mit der eigenen Lebensgeschichte aussöhnen, Ja zu meinem Leben sagen, wie es bisher gelaufen ist, Ja zu meinen Eltern, zu meiner Erziehung, zu meinem Charakter, wie ich ihn mitbekommen habe. Insgeheim ist da in uns viel Rebellion gegen das Leben, so wie es ist, gegen uns und unsere Gestalt. Wir möchten gerne anders sein, wir möchten gerne andere Fähigkeiten haben. Wir möchten andere Freunde haben, einen anderen Beruf. Wir möchten bei allen beliebt sein. Viele leben mit sich unversöhnt, in sich selbst zerrissen, unzufrieden mit sich und aller Welt, in ständigem Protest gegen die Menschen, die ihnen dieses Schicksal bereitet haben, ja letztlich im Protest gegen Gott, dem sie ihr Schicksal vorwerfen. Sie hängen ihren Träumen nach, wie sie eigentlich sein möchten. Sie sind nicht im Augenblick, sie fliehen vor sich selbst in ihre Illusionen. So versäumen sie das Leben.

Versöhnen heißt, dass ich ganz bei mir bin, dass ich mich spüre, dass ich mich freue über mich, so wie ich bin. So wie ich bin, bin ich einmalig. So wie ich fühle, fühle eben nur ich. Versöhnung heißt, in Berührung sein mit sich. Wenn ich in Berührung mit mir bin, dann muss ich mir das Vergleichen gar nicht verbieten. Es kommt mir einfach nicht in den Sinn. Denn ich spüre in mir dem Geheimnis des Lebens nach. Ich fühle, also bin ich.

Sich mit sich selbst aussöhnen heißt, sich mit den Wunden der Vergangenheit aussöhnen. Wer dieser Versöhnung aus dem Weg geht, ist dazu verdammt, die Verletzungen, die er empfangen hat, anderen weiterzugeben oder sich selbst immer wieder zu verwunden. Diese Versöhnung braucht oft lange. Und vor allem ist sie nur möglich, wenn wir die Kränkungen und die Schmerzen, die daraus erwachsen, wirklich zugeben, sie noch einmal nacherleben und uns dann von ihnen verabschieden. Wir können uns nicht aussöhnen, wenn wir die Wunden verdrängen. Wir müssen uns mit ihnen anfreunden, sie »küssen«, gut mit ihnen umgehen, dann können sie sich verwandeln in Quellen neuen Lebens. Jeder Therapeut und jeder Seelsorger weiß, wie lange das oft dauert, bis ein verletzter Mensch sich mit seiner Geschichte aussöhnen kann.

Aber wenn er ausgesöhnt ist, dann hören all die Mechanismen der Selbstzerstörung auf, dann geht der Mensch nicht mehr so hart mit sich um, dann kann er liebevoll auf sich und sein Leben schauen und gut zu sich sein.

Wenn ich mit mir und meiner Geschichte ausgesöhnt bin, dann hören all die Mechanismen der Selbstzerstörung auf, dann gehe ich nicht mehr so hart mit mir um, dann kann ich liebevoll auf mich und mein Leben schauen und gut zu mir sein.

Viele meinen, sie hätten sich längst mit sich ausgesöhnt. Aber dann versagen sie, dann läuft etwas schief. Und schon merken sie, wie schwer es ist, dazu Ja zu sagen. »Das darf doch nicht wahr sein. Das darf mir doch nicht passieren. Ich bin ein hoffnungsloser Fall. Ich schaffe es nie.« Schon tauchen wieder die Selbstbeschuldigungen und Selbstanklagen auf. Es braucht eine jahrelange Einübung in die Barmherzigkeit, um auf das eigene Versagen barmherzig zu reagieren. Mir hilft dabei das Jesusgebet: »Jesus Christus, Sohn Gottes, erbarme dich meiner!« Ich halte dieses Gebet in meine Gefühle der Selbstverurteilung und des Ärgers über mich hinein. Und dann spüre ich, wie sich langsam die negativen Gefühle verwandeln. Sich diese Gefühle zu verbieten, hilft nicht weiter. Es wäre wieder ein harter Umgang mit sich selbst, der die negativen Gefühle nur auf eine andere Ebene verschiebt, sie aber nicht außer Kraft setzt. Mir hilft es, mit den Gedanken zu sprechen, sie vor Gott anzuschauen, zu fragen, was er mir damit sagen möchte. Oder aber ich spreche das Jesusgebet in diese Gedanken und Gefühle hinein. Beide Wege sind sanfte Wege. Aber oft genug erlebe ich, wie es in mir ruhig wird und Friede ins Herz einkehrt.

Im Gleichnis vom ungerechten Verwalter (Lk 16,1–8) zeigt uns Jesus, wie wir gut mit uns umgehen können, wenn wir schuldig geworden sind. Jesus will nicht, dass wir uns mit Selbstbeschuldigungen zerfleischen. Das Vertrauen auf den barmherzigen Gott führt zu einem besseren Umgang mit der Schuld, die einfach zu unserem Leben gehört, selbst wenn wir noch so sehr korrekt leben möchten. Der Verwalter im Gleichnis geht so mit seiner Schuld um, dass er seine Selbstachtung nicht verliert. Er will nicht betteln, sich selbst schlecht machen und sich vor den anderen entwerten. Er will sich nicht sein Leben lang dafür entschuldigen, dass er einen Fehler gemacht hat. Und er will auch nicht hart arbeiten, er will die Zähne nicht zusammenbeißen und jetzt mit Gewalt den Leuten beweisen, dass er ein guter Mensch ist. Das ist ja häufig unsere Reaktion. Wenn wir gesündigt haben, meinen wir, mit guten Vorsätzen könnten wir uns zwingen, nie wieder zu sündigen. Damit aber überfordern wir uns selbst. Wir wollen alles von jetzt an hundertfünfzigprozentig machen und gehen deshalb grausam mit uns um. Der Verwalter wählt einen dritten Weg. Er gesteht sich seine Schuld ein und er teilt sie mit den Schuldnern seines Herrn. Wir alle sind Schuldner Gottes. Also teilen wir unsere Schuld, damit wir im Haus des anderen Platz finden, damit wir Gemeinschaft miteinander erfahren dürfen, Gemeinschaft von Menschen, die in Schuld geraten, aber trotzdem von Gottes Liebe umfangen sind. Hier wird ein anderer Weg beschritten, mit der Schuld umzugehen als die Selbstbeschuldigung, Selbstentwertung und Selbstzerfleischung, wie sie in der christlichen Tradition oft genug geübt worden ist. Jesus lädt uns ein, menschlicher mit uns umzugehen, ohne unsere Selbstachtung zu verlieren.

Die schwierigste Aufgabe des Menschen besteht wohl darin, gut mit sich umzugehen, wenn er versagt hat oder wenn er schuldig geworden ist. Trotz unseres Wissens um den barmherzigen Umgang Jesu mit den Sündern und Zöllnern fällt es uns zumeist sehr schwer, mit uns barmherzig zu sein, wenn wir einen peinlichen Fehler gemacht haben, den zudem noch die anderen in unserer Umgebung wahrgenommen haben.

Normalerweise beschuldigen wir uns dann selbst und machen uns innerlich nieder, wie schlimm und schwach und feige wir wären. Oder wir zerbrechen uns den Kopf darüber, wie dieser Fehler überhaupt geschehen konnte. Wir gehen die Situation noch einmal durch und schütteln immer wieder nur den Kopf, dass uns das passieren konnte.

Gut mit sich umgehen heißt nicht, seine Fehler vor sich und vor den anderen zu entschuldigen. Manch einer steht unter einem Entschuldigungszwang. Er möchte immer mit weißer Weste dastehen. Daher muss er stets neue Gründe der Entschuldigung suchen, dass er eben doch nicht schuld sei an dem Versagen, dass die anderen schuld wären oder die Umstände oder das Wetter. Sich für einen Fehler vor sich selbst oder vor den anderen zu entschuldigen, hilft nicht weiter. Es tauchen doch immer wieder Gründe dafür auf, dass wir vielleicht doch schuld an dem Versagen seien, dass wir doch einen Fehler gemacht haben. Genauso wenig hilft es aber, sich zu beschuldigen und sich für den schlechtesten Menschen zu halten. Gut gehen wir mit unserer Schuld um, wenn wir sie einfach stehen lassen, ohne sie zu bewerten, und wenn wir sie Gott hinhalten, wenn wir mehr auf Gott schauen, der uns in seiner Barmherzigkeit mit unserer Schuld annimmt, als um unsere Schuld zu kreisen. Wir haben keine Garantie, dass wir keine Fehler mehr machen werden. Im Gegenteil, es wird wahrscheinlicher sein, dass wir wieder versagen. Einzig ein großes Vertrauen auf Gottes Barmherzigkeit kann uns daran hindern, uns in unserer Schuld zu zerfleischen.

In der Selbstbeschuldigung ist oft mein Stolz verborgen. Ich kann es mir nicht verzeihen, dass ausgerechnet ich diesen blöden Fehler gemacht habe. Es ist gegen meine Ehre, dass ich mich vor anderen so blamieren musste. Und ich müsste doch vor Gott einen besseren Menschen abgeben. Ich müsste doch endlich einmal meine Vorsätze halten und nicht mehr in diese Sünde fallen. Abbas Antonios rät zu beidem: zur Demut, zum Wissen, dass wir auf uns nicht bauen können, dass wir keine Garantie haben, nicht wieder den gleichen Fehler zu begehen. Wir werden als Menschen immer wieder fallen. Sich damit auszusöhnen, das meint die Demut. Das tut zuerst sehr weh. Wenn da meine Ideale vor mir zerbrechen, erlebe ich das als sehr schmerzlich. Aber die Demut führt zugleich zu einem Gefühl von Freiheit und Vertrauen. Ich muss mir die Fehler nicht immer vorhalten. Ich soll sie einfach vergessen, weil Gott sie vergeben und damit vergessen hat. Ich soll mich durch meine Fehler nicht ständig lähmen lassen. Das heißt nicht, dass ich mich meiner Schuld nicht stelle. Schuld muss angeschaut, zugegeben und bearbeitet werden. Aber dann muss sie auch losgelassen werden. Wenn Gott mir vergeben hat, muss auch ich mir selbst vergeben und darf mich nicht am Leben hindern, indem ich mir immer wieder meine Schuld vorhalte und mich selbst beschimpfe.

Gut mit sich umgehen, das entspricht dem, was die Bibel mit barmherzig sein beschreibt. Die Bibel spricht von der Barmherzigkeit Gottes zu uns, die uns in Jesus Christus auf neue Weise offenbar geworden ist. Jesus ist »das Antlitz der göttlichen Barmherzigkeit« (Leon-Dufour 53). Er hat uns die Barmherzigkeit Gottes nicht nur verkündet, sondern auch vorgelebt. Er hat den Menschen immer wieder Barmherzigkeit erwiesen. Und er hat die Jünger aufgerufen: »Seid barmherzig, wie es auch euer Vater ist« (Lk 6,36). Damit ist zunächst der barmherzige Umgang miteinander gemeint. Barmherzigkeit ist hier vor allem die Liebe zu den Feinden. Aber sie schließt die Barmherzigkeit sich selbst gegenüber mit ein. Wir sollen auch mit den Feinden in uns barmherzig umgehen. Wir sollen sie nicht hassen, sondern gütig zu ihnen sein. Denn auch Gott »ist gütig gegen die Undankbaren und Bösen« (Lk 6,35).

Zweimal begründet Jesus bei Matthäus sein Verhalten mit der Hoseastelle: »Barmherzigkeit will ich, nicht Opfer« (Hos 6,6, zitiert Mt 9,13 und 12,7). In diesem Satz könnten wir auch ein Programm für den barmherzigen Umgang mit uns selbst sehen. Jesus will keine Opfer. Er will nicht, dass wir uns selbst auf dem Altar der Pflicht opfern oder dass wir uns selbst zerstören, um Gott wohlgefällig zu stimmen. Und wir sollen uns nicht aufopfern, um das Wohlgefallen der Menschen zu erkaufen. Opfer steht für das gewaltsame Umgehen mit uns selbst, für die Selbstzerstörung, um irgendwelche Götter zu besänftigen, wie es im alten Griechenland üblich war. Wir brauchen die Götter des Neides und der Eifersucht, die in uns selbst walten, nicht zu befriedigen. Gott hat uns in Jesus Christus sein Wohlgefallen gezeigt. Wir brauchen seine Gnade nicht zu erkaufen, indem wir uns aufopfern und so selbst zerstören.

Gottes Güte in den Gaben zu erfahren, ist Jesus wichtiger als die Einhaltung des Sabbatgebotes. So geht es Jesus darum, dass wir mit uns selbst nicht rigoros umgehen und uns peinlich genau an alle Vorschriften halten, sondern dass wir gut zu uns sind, dass wir in der Freiheit der Kinder Gottes die Gaben dankbar genießen dürfen, die Gott uns schenkt. Wir sind von Gott geliebte Menschen. Wir sollen uns selbst nicht verdammen, wenn wir unsere eigenen Maßstäbe übertreten. Jesus sagt zu den Pharisäern: »Wenn ihr begriffen hättet, was das heißt: Barmherzigkeit will ich, nicht Opfer, dann hättet ihr nicht Unschuldige verurteilt« (Mt 12,7). Wir verurteilen oft das Unschuldige in uns, das Gott entspricht, aber unseren eigenen Maßstäben widerspricht. Wir sind viel unduldsamer und grausamer mit uns als Gott, der uns vor allem seine Güte erweisen möchte. Wir haben in unserem Über-Ich einen unbarmherzigen Richter, der uns verurteilt, und einen Pharisäer, der uns das Leben nicht gönnt.

Barmherzig mit mir sein heißt daher, das eigene Herz nicht zu verschließen vor dem, was in mir unglücklich und einsam ist, vor dem Armen und Elenden in mir, vor dem Unglücklichen und Gescheiterten in mir, vor den Verlassenheitsgefühlen und vor dem Gefühl der Einsamkeit. Ich verschließe mein Herz nicht vor dem Bemitleidenswerten in mir, vor dem, was ich am liebsten übersehen und verdrängen möchte. In jedem von uns tauchen solche Gefühle von Verlassenheit auf. Aber nur zu gerne verdrängen wir sie. Sie sind uns zu unangenehm. Aber dann können sich unsere Einsamkeit und unsere Verlassenheit, unser Elend und unsere Angst nicht wandeln, dann sind wir ständig auf der Flucht vor den dunklen Ahnungen. Wenn ich herzlich mit dem Armen und Schwachen in mir umgehe, so kann gerade das Arme in mir zu einer Quelle des Segens werden. Es kann mich für das Geheimnis der göttlichen Liebe öffnen, die mit mir fühlt und ein Herz für mich hat.

Gott ist mit uns so barmherzig. Seine Barmherzigkeit siegt immer wieder über seinen Zorn. Barmherzig mit sich umgehen würde diesem Wort nach so aussehen, dass ich mich selbst im Mutterschoß trage, dass ich meinem inneren Kind einen Schutzraum gewähre, in dem es heranwachsen kann. Es ist ein mütterliches Verhalten mir selbst gegenüber. Ich wüte nicht gegen mich. Ich stelle nicht Forderungen an mich, sondern ich vertraue, dass mein inneres Kind in meinem Mutterschoß und in Gottes Mutterschoß heranreifen und zu dem werden kann, der es von Gott her sein soll. Barmherzigkeit heißt, mit dem inneren Raum der Milde und Güte, der Liebe Gottes, der in mir ist, in Berührung zu kommen. Dort, wo Gott mit seiner Barmherzigkeit in mir wohnt, dort kann ich heil werden, dort verlieren meine Selbstvorwürfe und Selbstbeschuldigungen ihre Macht. Dort bin ich wahrhaft daheim, dort darf ich sein, wer ich bin.

(…)

Barmherzig gehe ich mit mir um, wenn ich mit mir fühle, wenn ich Kränkungen und Verletzungen fühle, wenn ich mit dem verletzten Kind in mir Mitleid habe, mich ihm öffne. Ich schaue auf meine Wunden nicht mit einem objektivierenden Blick, der alles erforschen will, sondern ich sehe alles, was in mir ist, mit dem mitfühlenden Blick des Herzens. Ich wüte nicht gegen mich, gegen meine Fehler und Schwächen, sondern ich fühle mit ihnen. Ich wende mich ihnen zu. Sie dürfen sein. Unter diesem liebenden Blick können sie sich wandeln. Das meint auch, dass ich in Berührung bin mit dem Ort in mir, in dem meine verwundbaren Gefühle liegen, dass ich bereit bin, meine Wunden zuzulassen. Dort, wo meine verwundbaren Gefühle liegen, dort bin ich auch ganz nahe an Gottes Barmherzigkeit. Dort können meine Wunden an Gottes Barmherzigkeit heilen. Dort erahne ich mehr als mit meinem Verstand, was Gottes zärtliche Liebe zu uns ist.

Lukas gebraucht in seiner Feldrede dieses Wort. »Seid barmherzig (oiktirmon), wie es auch euer Vater ist« (Lk 6,36). Wir sollen also mit uns mitfühlen. Wir sollen nicht hart gegen die Feinde in uns wüten, sondern mit ihnen fühlen. Wir sollen mit uns mitfühlen, wenn wir enttäuscht sind über unsere Fehler und Schwächen. Dieses Mitgefühl mit uns selbst, die wir hin und her gerissen sind zwischen gut und böse und die wir immer wieder versagen, macht uns Gott ähnlich. Nicht die Fehlerlosigkeit bringt uns dem Herzen Gottes näher, sondern unser Mitgefühl mit uns und unseren Schwächen und mit den Menschen um uns herum. In herzlichem Erbarmen spüren wir etwas vom Wesen des liebenden und barmherzigen Gottes.

Das Alte Testament sagt uns, dass die Erlösung nicht auf Jesus Christus beschränkt ist, als ob Gott erst in der Menschwerdung seines Sohnes auf die Idee gekommen wäre, die Menschen zu erlösen. Gott ist seit jeher der Erlöser und Heiland. Er hat immer schon den Menschen ihre Schuld vergeben. (…) Und er hat immer schon Menschen aus Nöten errettet, Krankheiten geheilt und ein ganzes Volk aus der Fremdherrschaft und Knechtschaft befreit. Mit Jesus Christus beginnt nicht die Erlösung, sondern in ihm kommt sie zur Vollendung.

Die Grundbotschaft Jesu ist die Versöhnung, die Versöhnung der Menschen untereinander, die Versöhnung mit Gott und die Versöhnung des Menschen mit sich selbst. Paulus versteht sein Apostelamt als »Dienst der Versöhnung« (2 Kor 5,18). Sich mit sich selbst auszusöhnen ist wohl die schwierigste Aufgabe, die uns das Leben stellt. Das deutsche Wort »versöhnen« kommt von »versühnen«. Das mittelhochdeutsche *süene* meint Versöhnung, Schlichtung, Friede, Kuss. Und es klingt noch eine andere Bedeutung mit: »still machen, beschwichtigen«. Sich versöhnen mit sich selbst heißt also von der deutschen Sprachgeschichte her: Frieden stiften mit sich selbst, den Streit zwischen den verschiedenen sich bekämpfenden Gedanken und Wünschen schlichten, die aufgebrachte Seele beruhigen, alles, was in einem ist, küssen: also gut mit sich umgehen, liebevoll, zärtlich. Das Widerstrebende in mir kommt zum Schweigen. Es entsteht ein innerer Friede.

# Mensch, ärgere dich!

Von Zorn, Wut, Ärger und anderen
Quälgeistern

Viele meinen, sie hätten gar keine Wut. Aber wenn sie sich auf eine geistliche oder therapeutische Begleitung einlassen, kommen sie auf einmal mit tief sitzenden Gefühlen von Wut und Zorn in Berührung. Sie spüren auf einmal Wut gegen ihre Eltern, die sie immer klein gehalten haben. Aggressionen kommen hoch, dass sie bisher noch nie gelebt hätten, dass das Leben an ihnen vorbeigegangen sei, dass sie von ihren Eltern, von der Kirche betrogen worden seien, dass ihnen ihre Askese das Beste des Lebens vorenthalten habe, dass sie sich noch nie etwas gegönnt, dass sie noch nie Lust erfahren hätten. Wenn sie dann ihre Aggressionen zulassen, kann in ihnen viel lebendig werden.

Es gibt Menschen, die jahrelang Zorn und Wut leben, ohne darüber zu reflektieren. Und auf einmal ist der Vorrat an Wut aufgebraucht und darunter kommen andere Gefühle zum Vorschein wie Sanftmut und Barmherzigkeit. Hier kann man nicht sagen, was den Zorn verwandelt hat. Offensichtlich haben wir nur eine ganz bestimmte Menge an Wut in uns. Sobald sie verbraucht ist, wandelt sie sich in Güte und Mitleid. Das kann uns Gelassenheit schenken.

Viele meinen, sie dürften nicht wütend sein, weil das gegen das Gebot Christi verstoße. Aber in der Wut steckt immer auch eine positive Kraft. Wenn einer wütend wird, weil ein anderer ihn verletzt hat, dann hilft es meistens nicht weiter, wenn er sich zwingt, dem anderen zu vergeben. Er möchte ihm vergeben, aber die Wut wird immer wieder hochkommen. Er muss sich erst in die Wut hineinfühlen, sie vielleicht bewusst ausagieren, indem er in den Wald geht und die Wut herausbrüllt. Die Vergebung steht am Ende der Wut und nicht am Anfang. Wenn ich mich in die Wut hineinspüre und sie nicht gleich fromm überspringe, wenn ich mir eingestehe, wie sehr mich der andere verletzt hat und wie weh das tut, wenn ich meine Wut in einer guten Weise ausagiere, dann kann ich am Ende der Wut mit dem Gefühl von Mitleid und Barmherzigkeit in Berührung kommen. Ich werde erkennen, dass der andere auch nur ein Mensch ist, der verletzt ist und daher verletzen muss. Wut wandelt sich dann wirklich in Vergebung, die aus echtem Mitfühlen entspringt, die nicht nur vom Willen ausgeht, sondern auch das Herz erreicht.

Der Neid entspringt aus dem ständigen Sichvergleichen. Sobald ich mich mit anderen vergleiche, schneide ich immer schlecht ab. Denn es gibt immer andere, die Fähigkeiten haben, die ich bei mir vermisse. Aber wir können kaum vermeiden, dass wir uns mit anderen vergleichen. Das ist ganz tief in uns eingewurzelt. Oft äußert sich der Neid in Klatschsucht. Man muss über andere reden, man sucht nach ihren Fehlern, weil man ihnen nicht gönnt, dass es ihnen gut geht. Eine andere Weise des Neides besteht darin, die anderen ständig zu entwerten, um sich selbst aufzuwerten. Man spioniert ihre Fehler aus, um ihr Wissen zu disqualifizieren, um ihre Reife als Unreife zu entlarven und ihre Frömmigkeit als Heuchelei.

Im Neid bin ich immer bei den anderen, muss sie kleiner machen, um an die eigene Größe glauben zu können. Ich kann mein Leben nicht genießen, weil ich ständig auf die anderen schiele, die es vielleicht besser haben. Sobald ich anfange, mich über etwas in meinem Leben zu freuen, entwerte ich die Freude, indem ich bei den anderen etwas entdecke, das mir abgeht.

Die Frage ist, wie dieser Teufelskreis des Neides aufgebrochen und verwandelt werden kann. (...) Vielleicht wird sich der Neid wandeln, wenn ich ihn bewusst zulasse und zu Ende denke. Im Neid werde ich in Berührung kommen mit meinen tiefsten Wünschen und mit den Enttäuschungen, die mir das Leben bereitet hat. Ich spüre, was ich auch entfalten könnte und nicht zum Blühen gebracht habe. Statt meine Klatschsucht abzuschneiden, sollte ich fragen, welche Sehnsucht darin steckt. Immerhin zeigt sich darin der tiefe Wunsch nach Beziehung. (...) Wenn ich den Neid zu Ende denke, dann kann er mich antreiben, in mir die Fähigkeiten zu entwickeln, die Gott mir geschenkt hat. Der Neid wird mich nicht mehr lähmen, sondern mich an die Quelle der eigenen Lebensmöglichkeiten heranführen.

Die Voraussetzung jeder Wandlung, der Gegensatz von Verstand und Gefühl, hilft bei der Eifersucht kaum weiter. Wenn der andere mir sagt, ich bräuchte doch nicht eifersüchtig zu sein, ich könnte ihm doch vertrauen, so nützt das nichts. Das Gefühl lässt sich vom Verstand nicht vertreiben. Verwandelt wird es nur, wenn ich dem Gefühl nachgehe bis an seine Wurzeln. Was meldet sich in diesem Gefühl zu Wort? Einmal ist es sicher eine große Liebe zum anderen, ein tiefes Interesse an seiner Person, die Sehnsucht, mit ihm zusammen zu sein und an seiner Seite zu leben. Aber in der Eifersucht ist immer auch die Angst, den anderen zu verlieren, und der Drang, ihn festhalten zu wollen. Solche Eifersucht kann eine Beziehung zerstören, weil sie den anderen nicht atmen lässt.

Die Eifersucht kann mich auch auf kindliche Wunden hinweisen, auf die Erfahrung, alleingelassen, in meinem Vertrauen enttäuscht worden zu sein. Wenn ich mich in meine Eifersucht hineinspüre, entdecke ich auf dem Grund meines Herzens eine tiefe Einsamkeit und zugleich eine große Sehnsucht nach Intimität und Liebe. Wenn ich mich aussöhne mit meiner Einsamkeit und meine Sehnsucht nach Nähe und Zärtlichkeit zulasse, dann kann in mir etwas zum Leben kommen. Dann zerstört die Eifersucht meine Beziehung nicht mehr, sondern befruchtet sie.

Die Überheblichkeit bezieht sich auf unser Verhältnis zu Gott und zu uns selbst. In meiner Hybris identifiziere ich mich mit meinen Idealbildern und weigere mich, meine Wirklichkeit anzuschauen. C. G. Jung spricht von Inflation, von Aufblähung. Ein Mensch bläht sich auf, indem er sich mit Archetypen identifiziert, die immer größer und weiter sind als die Person, etwa mit dem Archetyp des Reformators, des Heiligen, des Märtyrers. Sich mit einem Archetyp aufzuladen, wird gefährlich. Denn der Mensch wird blind für die Realität, er wird überschwemmt vom Unbewussten, er wird davon besessen.

Die Verwandlung der Überheblichkeit ist sehr schwierig. Stolze Menschen wissen über alles Bescheid, sie lassen sich nicht verunsichern, sie lassen niemanden an sich heran, weder einen Menschen, noch Gott. (...) Die Verwandlung wird nur möglich, wenn der Stolze sich mit sich selbst konfrontiert und mit seinen Gefühlen in Berührung kommt. Das Wissen über seinen Zustand hilft überhaupt nicht weiter. Nur die Beziehung zum eigenen Herzen kann ihn von der Spaltung befreien, in die ihn der Stolz hineingeführt hat.

Ijob gibt sich nicht sogleich mit seinem Schicksal zufrieden. Im Gegenteil, er lässt seiner Klage freien Lauf: »Zum Ekel ist mein Leben mir geworden, ich lasse meiner Klage freien Lauf, reden will ich in meiner Seele Bitternis. Ich sage zu Gott: Sprich mich nicht schuldig, lass mich wissen, warum du mich befehdest. Nützt es dir, dass du Gewalt verübst, dass du das Werk deiner Hände verwirfst?« (Ijob 10,1–3). Klagen ist durchaus etwas Befreiendes. Wenn wir unseren bitteren Gefühlen in der Klage Ausdruck verleihen, können sie sich wandeln. Klagen ist etwas anderes als Jammern. Im Jammern kreise ich nur um mich, ich bade mich in meinem Selbstmitleid. In der Klage richte ich meine Not an Gott. Ich beklage mein Los und klage Gott an. In diesem Dialog kann sich in mir etwas verwandeln.

Der Ärger ist ja durchaus eine positive Kraft. Denn er treibt mich dazu an, etwas zu ändern. Ich kann eine Situation ändern, über die ich mich ärgere, indem ich etwas anders organisiere. Oder ich kann meine Beziehung zu dem ändern, der mich ärgert. Dann ist der Ärger die Kraft, mich vom anderen zu distanzieren, ihn innerlich aus mir hinauszuwerfen, ihm ein inneres Hausverbot zu erteilen. Ich verbiete mir, in meinem Haus, in meinem Zimmer ständig über den anderen nachzudenken. Da hat er keinen Platz. (…) Es liegt an mir, ob ich mich dem anderen gegenüber ohnmächtig fühle oder ob ich mich von der Macht des anderen befreie, indem ich mich von ihm distanziere und ihn aus meinem Herzen hinauswerfe.

Wenn wir durch Christus der göttlichen Natur teilhaft geworden sind, so ist alles in uns von der göttlichen Natur durchtränkt. Wir dürfen also nicht irgendwelche Bereiche in uns als schlecht abspalten, etwa die Sexualität oder die Aggression. Weil viele Christen Gott und Welt, irdische Natur und göttliche Natur als totale Gegensätze gesehen haben, haben sie oft in wildem Asketismus gegen sich selbst gewütet und sich dabei tief verletzt. In der Begleitung erlebe ich immer wieder, wie vor allem geistliche Menschen sich selbst verletzen, weil sie gerade die beiden Grundkräfte des Menschen, die Aggression und die Sexualität, verteufeln und unterdrücken. Gott ist aber nicht an der Aggression und Sexualität vorbei, sondern durch sie hindurch zu finden. Wer Aggression und Sexualität abschneidet, der verliert einen Großteil der schöpferischen Energie, die Gott ihm geschenkt hat. Der zweite Petrusbrief sagt uns: »Alles, was für unser Leben und unsere Frömmigkeit gut ist, hat seine göttliche Macht (dynamis = Kraft, Energie, Stärke, Heilkraft, Lebensmacht) uns geschenkt« (2 Petr 1,3). Die göttliche Kraft hat uns auch die Energie (dynamis) der Aggression und Sexualität geschenkt, als Kräfte, die für unser Leben und unsere Frömmigkeit gut (oder notwendig) sind. So geht es nicht darum, sie abzuschneiden, sondern mit ihnen auf menschliche Weise umzugehen, sie in unser Lebenskonzept zu integrieren.

Worte bestimmen unser Denken und Fühlen. Wir können uns durch negative Einreden selbst schaden. Wenn wir die Worte der Schrift in uns eindringen lassen, so können sie uns mit dem Geist Jesu erfüllen. Wenn ich etwa Angst habe, spreche ich in diese Angst hinein den Vers aus Psalm 118: »Der Herr ist mit mir. Ich fürchte mich nicht. Was können Menschen mir antun?«

Dabei geht es nicht darum, die Angst zu vertreiben. Jeder von uns hat immer Angst und Vertrauen. Aber manchmal sind wir auf unsere Angst fixiert. Dann wird sie immer stärker. Das Wort der Schrift bringt mich in Berührung mit dem Vertrauen, das auf dem Grund meiner Seele schon in mir ist. Ich fordere mich nicht auf, zu vertrauen. Vielmehr bewirkt das Wort der Bibel in mir Vertrauen. Letztlich ist das eine therapeutische Methode (…). Die Worte der Bibel sind allesamt Heilungsworte, die meine Wunden zu heilen vermögen.

Heute sind wir in der Gefahr, eine Wellness-Spiritualität zu verkünden. Dieser geht es nur um »Sich-Wohlfühlen«. Gegen diese letztlich unfruchtbare Form von Spiritualität, von der keine Kraft mehr ausgeht, haben die Mönche Lust entwickelt, sich in die innere Freiheit einzuüben. Ihre Spiritualität atmete Kraft und Freiheit. Sie nimmt den Menschen ernst. C. G. Jung hat diese Form von Spiritualität gut geheißen und unterstützt. Für ihn war klar, dass Menschwerdung immer auch Kampf bedeutet. Allerdings sollen wir für das Leben kämpfen und nicht dagegen.

Im Kampf für das Leben müssen wir uns jedoch ernsthaft auseinandersetzen mit unseren Leidenschaften, mit den Gefährdungen unseres Lebens, mit unserem Hang zur Sucht, mit unserer Tendenz, uns gehen zu lassen und gelebt zu werden, anstatt selbst zu leben. Unserer Zeit täte diese kraftvolle Spiritualität wieder gut. Sonst werden Christen nur narzisstisch um sich kreisen, aber keine Wirkung mehr für diese Welt erzielen.

Viele Menschen fühlen sich ohnmächtig anderen gegenüber. Sie können sich nicht wehren gegenüber dem Chef, dem Ehepartner, dem Arbeitskollegen, der sie verletzt. Sie sind machtlos den Sticheleien und Verwundungen ausgeliefert. Da kann die Wut ein wichtiges Medikament sein, das uns von der Ohnmacht Menschen gegenüber befreit. Die Wut ist die Kraft, mich vom anderen zu distanzieren, den anderen, der mich verletzt hat, aus mir herauszuwerfen. Ein wichtiger Grundsatz im Umgang mit Menschen, die mich verletzen und bestimmen, ist: Der andere hat immer nur so viel Macht über mich, wie ich ihm gebe. Ich kann kaum verhindern, dass ich empfindlich reagiere, wenn mich einer kränkt. Aber ob ich den ganzen Tag Selbstgespräche führe und um meine Verletzung kreise, das ist meine Entscheidung. Ich kann nicht jedes Gefühl von Ärger unterdrücken. Aber ob ich mich in meinen Ärger hineinsteigere oder ob ich mich davon distanziere, das ist in meiner Hand.

# Entdecke, wer du bist!

## Von der inneren Quelle und der Verwandlung

Die Haltung der Besonnenheit, zu der uns die Epiphanie der rettenden Gnade Gottes in Jesus Christus erzieht, könnten wir heute übersetzen mit dem, was die transpersonale Psychologie Bewusstheit nennt. Es ist die Erkenntnis der wahren Wirklichkeit und es ist die bewusste Präsenz, das ganz im Augenblick sein. »Die meisten von uns sind nur selten ganz gegenwärtig. Unser Normalzustand wird häufig als ›Schlafwandeln‹ oder ›Wachträumen‹ bezeichnet, während Wachsein nur ein gelegentlicher flüchtiger Zustand ist, der uns aber wirkliche Macht über unser Leben geben kann.«

(…) Im Blick auf Christus und die Erscheinung der göttlichen Gnade in ihm sind die Christen sich früh bewusst geworden, wie sehr die meisten Menschen am Leben vorbeileben, wie sie irgendwelchen Illusionen nachlaufen, wie sie gleichsam schlafwandeln und an der eigentlichen Wirklichkeit vorbei ihr Dasein fristen. (…)

Der Christ, der besonnen lebt, lebt bewusst. Er blickt durch. Er schaut auf den Grund der Welt und sieht in Jesus Christus eine andere Möglichkeit des Lebens, die Kunst wahren Lebens, bewussten, wachen, ganz gegenwärtigen Lebens. Wer bewusst lebt, wer in Berührung ist mit der göttlichen Wirklichkeit, der ist frei von den Erwartungen der Menschen. Er muss sich nicht mehr damit überfordern, nur ja bei allen beliebt zu sein, nur ja so zu sein, wie er glaubt, dass die Gesellschaft es von ihm verlangt.

Die Beziehung zu Gott bringt uns in Berührung mit der inneren Quelle in uns, aus der wir immer schöpfen können, weil sie nie versiegt. Die Beziehung zu Gott macht uns erst wirklich lebendig. Sie schenkt uns das, was das Johannesevangelium »ewiges Leben« nennt, wirkliches Leben, Fülle des Lebens. Wenn wir in Gott unseren Grund haben, wenn wir »fromm = gottesfürchtig« leben, dann entdecken wir die ganze Tragödie des Menschen, die darin besteht, dass er an sich vorbeilebt, dass er Illusionen nachläuft, dass er sich selbst ständig verletzt, weil er sich selbst nicht gerecht wird. Und die Beziehung zu Gott schenkt uns das Gefühl des Wunderbaren, in dem wir leben. Wir leben in und aus Gott. Das ist unsere tiefste Würde. Das befreit uns von der Macht der Welt. Das lässt uns erst das Geheimnis unseres Menschseins erkennen.

Wer bewusst lebt, wer in Berührung ist mit seiner inneren Heimat, mit dem Ort, an dem Gott selbst in ihm wohnt, wer im Bewusstsein seiner göttlichen Natur lebt, der ist dem Verderben (phthora), der Aussichtslosigkeit, der Erfolglosigkeit, der Leere und Sinnlosigkeit, der Verfälschung und Schändung des wahren Lebens entrissen. Er wird nicht mehr von der Begierde getrieben, er muss nicht mehr alles haben, was er sieht. Er muss nicht alles erreichen, was möglich ist. Er kann sich auf das Leben einlassen, das Gott ihm schenkt. Er muss nicht ständig Ausschau danach halten, was andere Menschen haben. Er lebt im Bewusstsein seiner göttlichen Natur. So lebt er wirklich. Und weil er ganz präsent, ganz gegenwärtig, mit »entschleiertem Auge« lebt, lebt er intensiv und braucht nichts mehr.

Die Erfahrung einer anderen Ebene, auf der ich mich einem Größeren anvertraue, auf der ich mich letztlich Gott überlasse, wird mir helfen, mich nicht mehr von der Arbeit her zu definieren. Ich gehe nicht mehr in der Arbeit auf und werde meinen Wert nicht mehr allein aus der Arbeit schöpfen. Vielmehr werde ich mich von einer inneren Mitte her an die Arbeit machen, sodass sie mich nicht mehr total beherrscht. Ich werde in mir einen Raum tragen, an den die Arbeit mit ihren Problemen nicht dringen kann.

Die innere Freiheit zur Arbeit kommt aus der Erfahrung der inneren Quelle, zu der einer vorstößt, wenn er sich von Gott wandeln lässt. Er wird dann Arbeit nicht mehr nur als Leistung verstehen, die alle seine Kräfte erfordert. Vielmehr wird die Arbeit wie von selbst aus der inneren Quelle strömen.

Geistliches Leben ist keine Leistung, die wir zu vollbringen haben, sondern ein innerer Weg, der uns mehr und mehr wandeln möchte. Im Geistlichen Leben lasse ich mich auf den Gott des Lebens ein, der sein göttliches Leben in mir durch viele Wandlungen hindurch entfalten will. Die innere Wandlung vollzieht sich spiralförmig. Es ist keine Einbahnstraße, auf der ich immer weiter voranschreite, sondern ein spiralförmiges Gehen, bei dem ich scheinbar immer wieder zum Ausgangspunkt zurückkomme, um mit neuer Kraft weiter zu gehen.

Jesus hat den Prozess des inneren Wandels in einigen Gleichnissen beschrieben. Da ist etwa das Gleichnis vom Senfkorn, das langsam emporwächst zu einem Baum. Lange merken wir nichts von der Verwandlung. Aber auf einmal sind wir für andere zu einem Baum geworden, an den sie sich anlehnen, unter dessen Schatten sie Geborgenheit erfahren und in dessen Zweigen sie vergnügt leben können.

Wandlungserfahrungen sind all die Krisen, die wir durchzustehen haben und die unser gewohntes Lebenskonzept durcheinanderbringen. Da sind die Krisen an den Wendepunkten des Lebens, die Krise der Pubertät, die Krise der Lebensmitte, die Krise im Pensionierungsalter, die Krise der letzten Krankheit. Jedes Mal will Gott in so einer Krise eine innere Wandlung bewirken. Aber viele Menschen wehren sich gegen die Veränderung. Sie bleiben die alten. Aber wie C. G. Jung sagt, dann wird ihr Leben fad, abgestanden, langweilig, unfruchtbar. Um lebendig zu bleiben, müssen wir uns immer wieder wandeln. Und jede Wandlung hat mit Sterben und Loslassen zu tun. In jeder Wandlung geschieht Geburt und Sterben zugleich. Das Neue kann nur geboren werden, wenn Altes abstirbt und losgelassen wird. Wenn wir träumen, dass wir sterben, ist das immer ein Bild dafür, dass in uns etwas sterben muss, damit wir neu geboren werden können.

Der biblische Ausdruck für die Wandlung des Menschen ist der der Metanoia, der Umkehr, der Bekehrung. Das griechische Wort Metanoia meint ein Umdenken. Indem ich anders denke, mein Denken in eine andere Richtung lenke, wandelt sich meine ganze Existenz. Durch ein neues Denken wird auch der Mensch neu. Umkehren hat einen Weg vor Augen, auf dem ich umkehre, einen anderen Weg einschlage, eine Wendung mache, mich wende. Wenden ist ja die Urwurzel von Wandlung. Sich wenden, seinem Leben eine Wendung geben, das wandelt den Menschen. Die Umkehr setzt voraus, dass ich einen falschen Weg gegangen bin. Oft ist der Irrweg oder Umweg die Bedingung für wirkliche Wandlung. Der Weg der Wandlung des Christen ist also kein geradliniger, stetig ansteigender, er kennt viele Windungen, kennt Aufstiege und Abstürze, kennt Fortschritt und Rückschläge. Wer näher zusieht, der wird finden, wie in diesem Prozess der Wandlung auch der Sünde eine besondere Funktion zukommt. Sie kann zum Antrieb werden, sodass der Mensch sich auf den Weg zu Gott macht. Sie kann den Menschen aus seiner falschen Sicherheit herausstoßen und ihn zur heilsamen Erkenntnis der Wahrheit über sich selbst führen, ihm die Illusionen zerstören, die er sich über sich selbst gemacht hat, und in ihm einen echten Hunger nach dem wahren Guten, das er verlassen hat, wecken. Wenn ich umkehren will, muss ich erst den Irrweg anschauen und annehmen, den ich gegangen bin. Ich muss mich aussöhnen mit meiner Sünde, dann kann sie verwandelt werden in eine »felix culpa«, die das Exsultet an Ostern besingt.

Die Wandlung des Menschen auf dem geistlichen Weg vollzieht sich oft unmerklich und still. Der Prozess der Wandlung ist ganz bestimmten Wachstumsprozessen unterworfen. Es ist der Prozess, dem jedes Leben unterworfen ist. »Leben kann man nicht machen, es entsteht durch eine Geburt – das Leben kann man nicht zwingen, man kann und muss ihm dienen und ihm dienend zu seiner Entfaltung helfen« (Breucha 68). Die Wandlung braucht den Raum der Stille. »Was wächst, macht nicht viel Lärm.« Die Stille ist der mütterliche Raum, in dem ein Mensch immer wieder neu geboren werden will. Das Geheimnis dieser Neugeburt feiern wir an Weihnachten. Der Introitus vom Sonntag in der Weihnachtsoktav spricht von dem tiefen Schweigen, das alles umfangen hielt. Mitten in diesem Schweigen kam das allmächtige Wort Gottes in unsere Welt. Wir können es nur aufnehmen, wenn wir uns dem Schweigen stellen. Gott kann in uns nur geboren werden, wenn es in uns still wird.

Der Raum der Stille in uns ist für die Mystiker der Ort der Gottesgeburt. Gottesgeburt ist das tiefste Symbol der Verwandlung, die Gott uns zugedacht hat. Wenn Gott in uns geboren wird, dann wird alles neu, dann fangen die Dornen an, Rosen zu tragen, dann wird der Fels zur Quelle strömenden Wassers, die Wüste wird erblühen und unsere Dunkelheit hell.

Das Vertrauen auf Gott lässt uns auch die Leidenschaften im richtigen Licht sehen. Sie können unsere Emotionen lichterloh entzünden. Aber der Bereich in uns, der vertraut, unser spirituelles Selbst wird von den Flammen nicht verzehrt. Dieses spirituelle Selbst, das wahre Ich des Epiktet, ist wie ein Engel, der mit hinabgestiegen ist in den Feuerofen. Er macht das Innere unseres Ofens taufrisch. Mitten in der Glut ist ein Bereich in uns, zu dem die Glut keinen Zutritt hat. Es ist der Ort in uns, an dem der Engel bei uns ist, an dem Gott selbst in uns wohnt. Das Vertrauen auf Gott führt uns also einmal in den inneren Bereich, der von den Leidenschaften nicht berührt werden kann. Zum andern lässt uns das Vertrauen auf Gott die Dinge richtig sehen. Wenn ich in Gott meinen Halt habe, dann brauche ich den Halt im äußeren Besitz nicht mehr, dann muss ich mich nicht mehr an Menschen festklammern oder an Gewohnheiten, mit denen ich zusammengewachsen bin. Das Vertrauen auf Gott kann mich in die Freiheit führen (…).

Vertrauen auf Gott heißt immer auch, mit Gott übereinstimmen, damit zufrieden sein, was Gott uns schenkt, wozu Gott uns herausfordert und was er uns zumutet. (…) Das befreit uns von der Macht der Könige dieser Welt. Das befreit uns von Menschen, die meinen, über uns bestimmen zu können, die glauben, uns Angst machen zu können, weil sie uns im Betrieb vorgesetzt sind, weil sie in der Gesellschaft höher gestellt sind als wir. Das befreit uns von Menschen, die uns weismachen möchten, wir seien von ihrem Wohlwollen abhängig, sie könnten über unsere Zukunft bestimmen, sie könnten uns den Weg nach vorne verbauen.

Christus schenkt uns seine Kraft und Tüchtigkeit, er gibt uns an seinem göttlichen Leben Anteil. Das befreit uns von der Macht der Welt, von der Macht der Begierden. Was für uns gut ist, hat Gott uns in Jesus Christus geschenkt, damit wir gut mit uns umgehen, damit wir so leben, wie es unserer Würde als Menschen entspricht, die der göttlichen Natur teilhaft geworden sind. Weil das göttliche Leben schon in uns ist, haben wir es nicht nötig, uns mit Gewalt für Gott zu öffnen. Christliches Leben besteht für die Bibel vielmehr darin, diesem göttlichen Leben in uns Raum zu geben.

Gott in uns, das ist die wahre Befreiung von der Macht der Welt, von der Macht unseres Perfektionismus, von der Macht der Menschen und ihrer Erwartungen. Wir haben schon Anteil erhalten am göttlichen Leben. Unsere Aufgabe besteht nur noch darin, dieses göttliche Leben in uns zu hegen und zu pflegen, damit es uns immer mehr durchdringt und uns so in immer größere Freiheit und Liebe hineinführt.

Der mystische Weg hat jedoch eine andere Dimension als der normale psychologische Weg, auf dem wir uns den verdrängten Verletzungen unserer Kindheit stellen, sie aufarbeiten und so Heilung erfahren. Der mystische Weg heilt nicht unsere Wunden, sondern er führt uns in einen Bereich jenseits unserer Wunden, in den inneren Raum unserer Seele, der nicht verwundet werden kann. Und weil wir auf diesem Weg unser unverletzbares Selbst entdecken, werden wir wahrhaft frei. Je mehr ich von außen nach innen gehe, desto freier werde ich gegenüber der Außenwelt. Aber das ist kein Rückzug in die reine Innerlichkeit, sondern ein Weg, auf neue Weise mit der Außenwelt umzugehen, die innere Freiheit zu bewahren in jeder Begegnung mit Menschen und Dingen und aus dieser Freiheit heraus mich leidenschaftlich für diese Welt zu engagieren

Das Ziel des mystischen Weges ist das Einswerden mit Gott und das Freiwerden des Menschen, das Zu-sich-selber-Kommen des Menschen, seine Selbstwerdung. Wenn der Mensch Gott in sich entdeckt und mit Ihm eins wird, dann kommt er immer mehr in Berührung mit dem ursprünglichen Bild, das Gott sich von ihm gemacht hat. Wenn er identisch wird mit diesem anfänglichen Bild Gottes, dann wird er wahrhaft frei, dann kann ihn die äußere Wirklichkeit nicht mehr verletzen.

# Lass dich nicht vertrösten!

## Von der Trauer und ihrer Heilung

In den Tagen der Trauer wirst du oft erleben, wie sich Menschen in deiner Umgebung von dir zurückziehen. Sie sind verunsichert. Sie wissen nicht, wie sie auf dich reagieren sollen. (…) Vielleicht haben sie Angst vor deinen Träumen, vor deinem Schmerz, vor deiner Trauer. Aber lass dich nicht von ihrer Angst bestimmen! Auch wenn es dir schwer fällt, geh auf sie zu! Erzähle ihnen, was dich bewegt! Mute dich ihnen zu mit deiner Trauer! Vielleicht sind sie froh, dass sie mit dir ins Gespräch kommen. Sie hatten Angst, nicht die richtigen Worte zu finden. Es war nicht böser Wille, sondern Unvermögen und Angst, Beklommenheit und Unsicherheit. Vielleicht erinnert deine Trauer sie auch an die eigene Trauer, die sie vor Jahren übersprungen, die sie verdrängt haben und die doch endlich auch einmal ans Tageslicht möchte. Oder sie spüren, dass sie sich mit dem eigenen Sterben auseinandersetzen müssten. Aber davor haben sie Angst. Sie mache lieber die Augen zu. Trau ihnen zu, dass sie sich dem eigenen Tod stellen. Denn nur dann wird ihr Leben ehrlich und bewusst, wenn sie es angesichts ihres eigenen Todes leben. Alles andere ist Flucht vor dem Tod und letztlich Flucht vor dem Leben.

Je mehr du die Trauer zurückdämmen möchtest, desto mehr schneidest du dich vom Leben ab. Lass die Trauer zu. Sie wird aufhören, sie wird sich verwandeln, sie wird dich in eine neue Lebensfreude hineinführen. Überlasse dich dem Rhythmus deiner Trauer und setze dich nicht unter Druck, sie früher zu überwinden, als deiner Seele gut tut. Aber traue in deiner Trauer auch dem Wort der Schrift: »Er wird alle Tränen von ihren Augen abwischen. Der Tod wird nicht mehr sein, keine Trauer, keine Klage, keine Mühsal. Denn was früher war, ist vergangen« (Offenbarung 21,4).

Auch wenn es dir Angst macht: Stell dich dem Grundlosen deiner Trauer. Auch wenn die Tränen nicht versiegen, auch wenn du keinen Boden unter den Füßen spürst, du fällst nicht tiefer als in Gottes Hand. Von Gottes liebenden Händen gehalten, darfst du dich getrost deinen Tränen überlassen. Du wirst darin nicht untergehen.

»Wächter, wie lange noch dauert die Nacht?
Der Wächter antwortet:
Es kommt der Morgen,
es kommt auch die Nacht« (Jesaja 21,11f.).

Du kannst nicht sagen, wie lange die Nacht deiner Trauer noch dauert. Aber du weißt auch, dass ein neuer Morgen kommen wird. In der Nacht erscheint dir die Zeit unendlich lange. Aber der Morgen wird kommen und deine Trauer in Freude verwandeln. Auf einmal wirst du ein neues Licht in deinem Herzen entdecken, ein Licht, das auch von der Dunkelheit der Nacht nicht mehr aus deinem Herzen verscheucht werden kann.

Ich wünsche dir, dass du voller Vertrauen durch deine Trauer hindurchgehst, dass du den Schmerz auf dich nimmst, weil du weißt, dass dich neues Leben erwartet, dass du durch die Trauer hindurch neu geboren wirst zu dem, der du von Gott her wahrhaftig bis, zu dem einmaligen Bild, das Gott sich von dir gemacht hat.

Es fällt mir schwer, einfach zur Freude aufzufordern, wenn mir jemand von seiner inneren oder äußeren Not berichtet. Da kommt mir vielmehr das Wort aus dem Buch Kohelet in den Sinn, dass es eine Zeit des Weinens und des Lachens, eine Zeit der Trauer und eine Zeit der Freude gibt (vgl. Koh 3). Ich darf die Zeit der Trauer nicht überspringen. Ich muss sie aushalten. Zugleich darf ich hoffen, dass sie sich wandelt, dass sich die Klage in Tanzen verwandelt, wie es in Psalm 30,12 heißt: »Du hast meine Klage in Tanzen verwandelt, hast mir das Trauergewand ausgezogen und mich mit Freude gegürtet.« Tränen, Schmerzen, Trauer, Leid sind der eine Pol des Lebens. Und dieser Pol muss erst genommen werden. Aber ich darf mich auch nicht auf diesen Pol fixieren. Ich muss immer auch um den anderen Pol wissen, der genauso zum Leben gehört: Freude, Fröhlichkeit, Leichtigkeit, Hoffnung, Vertrauen. Wenn ich um den Gegenpol weiß, relativiert sich die Trauer. Sie ist nicht mehr ohne Boden. Auf dem Grund der Trauer werde ich auch auf die Freude stoßen, die in mir aufsteigen möchte. Und auf dem Grund der Freude werde ich auf die Trauer stoßen, dass ich so weit von dem entfernt bin, der ich vor Gott und in Gott sein möchte. Wenn wir weinen, kann es sein, dass wir auf einmal gar nicht mehr wissen, ob wir aus Trauer oder Freude weinen. In den Tränen vermischen sich Trauer und Freude, da sind beide Pole miteinander eins.

Die Traurigkeit meint nicht die Trauer, in der ich einen Verlust verarbeite, sondern ein unfruchtbares Selbstmitleid, ein ständiges Jammern, dass alles so schlimm sei und sich keiner um einen kümmere. Sie kann sich wandeln, wenn ich mit meinem Verstand die Gründe meiner Traurigkeit zu entdecken suche. Da werde ich auf übertriebene Wünsche stoßen, auf Illusionen, die ich mir vom Leben gemacht habe, auf Fantasien von Glück und Erfolg, von Macht und Ansehen. Wenn ich mich diesen Vorstellungen stelle, kann mein Leben wahrer und echter werden. Auf dem Grund der Traurigkeit begegnen wir oft auch einem starken Drang nach Leben und Liebe. Die Traurigkeit wird sich wandeln, wenn wir dieser Lust am Leben Raum geben. Dann hat uns die Traurigkeit zum Schatz geführt, der in uns gehoben werden möchte.

Der Verstand allein kann das Gefühl der Traurigkeit nicht vertreiben. Wenn jemand traurig ist, hat es keinen Zweck, ihm zu sagen, er habe keinen Grund dazu, er solle doch froh sein. Gefühle kann man nicht befehlen und sich nicht mit dem Verstand erarbeiten. Auch hier kann Verwandlung nur geschehen, wenn ich mich in das Gefühl der Traurigkeit hineinlasse, ihm auf den Grund gehe. Dann kann mich meine Traurigkeit in eine tiefe Ahnung vom Geheimnis des Lebens führen.

Es gibt auch eine süße Traurigkeit, eine Melancholie, die dem Leben einen herben, aber doch schönen Geschmack gibt. Mich in meiner Traurigkeit einrichten und im Selbstmitleid schwimmen, führt nicht weiter, aber durch die Traurigkeit hindurch mich vortasten in den Grund eines Lebens, in den Grund meiner Einsamkeit, meiner Individualität, das tut gut und gibt mir Tiefe und Dichte. Die Traurigkeit über die Wunden, die mir das Leben geschlagen hat, kann mich öffnen für den innersten Kern meines Herzens.

Die Alten unterscheiden zwischen Trauer und Traurigkeit. Der Trauernde kann weinen, während man in der Traurigkeit nur weinerlich ist. In der Traurigkeit bleibt der Mensch meistens stecken, weil er nur um sich kreist. Die Trauer dagegen wandelt sich oft unmerklich in Freude. Oft kann man nicht unterscheiden, ob einer Tränen der Trauer oder der Freude weint. Damit meine Traurigkeit in Freude verwandelt werden kann, muss ich sie erst einmal in Trauer wandeln. Ich muss sie bewusst spüren und erleben, anstatt von ihr festgehalten zu werden.

Richard Rohr zitiert das heute gültige Axiom: »Ich habe ein absolutes Recht auf meine Gefühle.« Viele meinen, sie hätten ein Recht auf ihre Traurigkeit und Sentimentalität. Aber das führt oft dazu, dass sie im Brei ihrer Gefühle untergehen. Rohr rät daher: »Du musst an den Punkt kommen, wo du dich auch von deinen Gefühlen lösen kannst, sonst hast du am Ende keine Gefühle mehr – sondern die Gefühle haben dich.«

Unerträglich wird das Leiden, wenn wir es falsch interpretieren, wenn wir die Schuld dafür in uns selber suchen. Dann zerfleischen wir uns auch noch mit Selbstvorwürfen. Wir wühlen in den eigenen Wunden und reißen sie immer wieder auf. Wie Ijob auch im größten Leid an der eigenen Würde festzuhalten, darauf zu vertrauen, dass ich trotzdem richtig gelebt habe, dass das Leiden keine Strafe ist, die ich verdient habe, sondern unverständliches Schicksal, das ich Gott überlassen muss, das kann auch bei mir dazu führen, dass nach einer langen Zeit der Trauer der Schmerz umschlägt in neues Leben, in neue Lebendigkeit und Freiheit. Menschen, die durch die Trauer hindurchgegangen sind, sind oft sehr gereifte und gelassene Menschen, Menschen, die ein weites Herz haben, die innerlich frei geworden sind von der Angst um das eigene Leben.

Es kann sein, dass eine tiefe Traurigkeit mich befällt. Wenn ich die dann auch zulasse, dann ist sie kein Gegensatz zur Freude, dann ist sie nur die Kehrseite der Medaille. Sie gehört genauso zum Leben wie die Freude. Wenn ich meiner Traurigkeit auf den Grund gehe, wenn ich ihr dahin folge, wohin sie mich führen möchte, dann entdecke ich auf ihrem Grund die Ahnung von Getragenwerden und Geborgenheit. Dann spüre ich die Schwere der Traurigkeit und auf ihrem Grund zugleich eine stille Freude. Ich bin einverstanden mit mir, auch mit meinen ungestillten Sehnsüchten, auch mit meiner Einsamkeit, auch mit meinem Nichtverstandenwerden.

# Leide, aber lebe!

## Vom Leiden und Verlieren

Die Angst führt mich zu den Grundfragen meiner Existenz. Warum lebe ich, wonach sehne ich mich, wofür lebe ich? Was ist der Sinn meines Lebens? Und letztlich führt mich jede Angst vor die Frage des Todes. In jeder Angst steckt ein Stück Todesangst. Die Verlustangst, die Versagensangst, die Angst vor der Sinnlosigkeit und die vielen anderen Ängste sind alle nur Variationen der Angst vor unserer Endlichkeit, vor unserem Tod.

Wenn ich mich meiner Angst stelle, dann kann sie verwandelt werden in eine neue Qualität von Leben, dann spüre ich das Geheimnis meines Lebens. Letztlich ist es eine religiöse Erfahrung, die ich dann machen kann. Ich erahne den Grund meines Lebens, Gott, der mich trägt, der meinem Leben Sinn gibt und der auch den Tod überwindet.

Ein anderer Weg der Verwandlung des Leibes geht über die Krankheit. Auch in der Krankheit drückt sich meine Seele aus. Es geht nun nicht darum, die Krankheit in den Griff zu bekommen oder die psychischen Ursachen zu erkennen, um sie ändern zu können. In der Krankheit meldet sich vielmehr immer ein wichtiger Impuls zu Wort, den ich bisher verdrängt habe. Durch die Krankheit hindurch zeigt mir mein Leib, dass da etwas leben möchte, was ich bisher verhindert habe. So kann mich gerade die Krankheit auf neue Lebensmöglichkeiten hinweisen.

Wenn ich versuche, mich in die Krankheit hineinzuspüren, so kann ich auf dem Grund der Krankheit auf meine eigentliche Wahrheit stoßen, da kann auf einmal etwas von meinem Wesen, von meiner wirklichen Gestalt sichtbar werden. Da sie meinen Leib am Funktionieren hindert, kann sie mir zeigen, dass etwas anderes in meinem Leib aufscheinen, dass etwas von der Transzendenz sichtbar werden möchte.

Die tiefste Verwandlung, die uns erwartet, wird der Tod sein. Da wird unser irdisches Leben in göttliches Leben verwandelt, da werden wir in das Bild Jesu Christi verwandelt, wie uns Paulus verheißt. Und im Tod verdichtet sich die Erfahrung unseres Lebens, dass wir selbst diese Verwandlung nicht bewirken können, dass wir uns ganz und gar dem verwandelnden Gott überlassen müssen. Wenn wir alles aus der Hand geben, dann wird seine Hand uns neu formen. Wenn wir uns ihm übergeben, wird er uns einen neuen Menschen zurückgeben, den Menschen, der von seiner liebenden Hand neu geformt und geschaffen wird. Und ob wir viel oder wenig Verwandlung in unserem Leben erfahren haben, im Tod wird alles in uns hineingenommen in die verwandelnde Kraft Gottes. Die Kirchenväter haben diese Verwandlung mit dem Bild des Feuers verglichen. Alles, was in uns noch gegen Gott steht, wird im Feuer der göttlichen Liebe verwandelt, sodass wir ganz und gar eins werden können mit dem dreifaltigen Gott. Auch im Tod geschieht unsere Verwandlung durch die Begegnung. Im Tod werden wir Gott begegnen, wie er wahrhaft ist, ohne den Schleier, der uns hier von ihm trennt. Und indem wir Gott in seiner Wahrheit begegnen, werden wir auch uns so begegnen, wie wir wirklich sind. Die Begegnung mit dem liebenden Gott wird uns verwandeln, durch Gottes liebenden Blick werden wir in sein eigenes Bild verwandelt. Was wir hier im Schauen auf die Ikone Christi anfanghaft erleben durften, das geschieht im Tod offen. Da wird uns das liebende Angesicht Jesu Christi so klar erscheinen, dass es sein Bild in uns einformt. Dann kommen all die Wandlungen unseres Lebens zum Ziel, dann vollzieht sich die große Verwandlung in Gott hinein, nach der wir uns ein Leben lang gesehnt haben. Dann können wir mit Paulus sprechen: »Unsere Heimat aber ist im Himmel. Von dorther erwarten wir auch Jesus Christus, den Herrn, als Retter, der unseren armseligen Leib verwandeln wird in die Gestalt seines verherrlichten Leibes, in der Kraft, mit der er sich alles unterwerfen kann« (Phil 3,20f.).

In der Krankheit reagiert mein Leib auf die Erfahrungen meines Lebens, auf meine Enttäuschungen, meinen Ärger, meine Überforderung. Die Krankheit zwingt mich, mein Lebenskonzept zu überprüfen, mich zu fragen, wo ich an der Wahrheit vorbeilebe. Die Krankheit kann mich in die Wahrheit führen. Aber die Krankheit hat nicht nur mit meiner Psyche zu tun. Sie deckt nicht nur auf, was in mir verdrängt und in den Schatten abgeschoben wurde. Sie kann in sich auch ein Wandlungsgeschehen sein, ganz gleich, ob sie meine Seele ausdrückt oder ob sie als Schicksalskrankheit von außen auf mich zugekommen ist. Die Krankheit kann der bellende Hund sein, mit dem ich ins Gespräch kommen muss, damit er mich zum Schatz führt, der in mir verborgen liegt. Sie kann mich in Berührung bringen mit meiner tiefsten Wahrheit, mit dem, was den Wert meines Lebens letztlich ausmacht. Die Krankheit muss nicht in erster Linie bekämpft werden, sondern sie will befragt werden, was sie mir sagen und wohin sie mich führen will. Wenn ich mich mit meiner Krankheit aussöhne, kann sie in mir einen Wandlungsprozess hervorrufen, an dessen Ende der geläuterte und befreite, der erlöste und heile, der barmherzige und liebende Mensch stehen wird.

Das Leiden verwandelt nach Teilhard de Chardin Materie in Geist, Schatten in Licht, Hartes in formbares Leben. Das Leiden ist genauso wichtig für den Transformationsprozess der Welt wie unsere Aktivität, wie unsere Liebe zum Kosmos, wie unser Einsatz für die Evolution und Konvergenz der Welt. Doch damit das Leid eines Menschen verwandelnde Kraft hat, braucht es die Gemeinschaft im Leiden, braucht es das Miteinander. Andere Menschen müssen miterleben, wie das Leiden einen Menschen verwandelt hat, wie es sein Gesicht verklärt, wie es eine tiefe Gelassenheit in ihm erzeugt, ein starkes Vertrauen auf den Gott, der auch in der Krankheit und im Tod bei ihm ist. Um die verwandelnde Kraft des Leidens auch für eine Pfarrgemeinde wirksam werden zu lassen, muss das Leid aus der Vereinsamung und Verdrängung befreit werden. Es braucht die Öffentlichkeit, die Solidarität, das Begleiten, das Anschauen, das Zur-Sprache-Bringen.

Das Kreuz tragen heißt im Sinne Jesu nicht, dass wir uns das Leben künstlich schwer machen sollen. Das Kreuz gehört vielmehr zum Leben. Ich kann nur erfüllt leben, wenn ich bereit bin, das, was mich durchkreuzt, anzunehmen. Wenn ich stur nur nach meinen Ideen lebe, wird mein Leben starr. Es muss immer wieder aufgebrochen werden, damit es weiter und lebendiger wird. Kreuz heißt nicht, dass das Leben nur schwer ist. Vielmehr kann ich das Leben nur in Freude und Freiheit leben, wenn ich Ja sage zu seiner Gestalt. C. G. Jung hat immer wieder betont, dass die Annahme seiner selbst Kreuztragung bedeutet, weil wir uns nur annehmen können mit den Gegensätzen, die uns durchkreuzen. Eine lebenslustige Tante hat mir ihr schweres Schicksal erzählt. Zuletzt meinte sie, jeder müsse halt sein Kreuz tragen. Da habe ich gemerkt, wie Jesu Wort vom Kreuztragen für sie der Schlüssel ihrer Lebenslust war. Das Schicksal hat sie nicht gebrochen, weil sie bereit war, das Kreuz, das es ihr beschert hat, auch anzunehmen, weil sie damit einverstanden war, dass das Leben nicht immer nur eine Erfolgsgeschichte ist, sondern dass das Leiden dazugehört.

Es kommt ganz darauf an, wie wir mit unseren Verletzungen umgehen. Wenn wir uns falsche Vorstellungen von den Wunden machen, dann verletzen wir uns selbst. Solche verletzenden Vorstellungen können z. B. sein: »Eigentlich dürften Wunden gar nicht sein. Und wenn wir schon verwundet werden, dann müssten die Wunden möglichst schnell heilen, sodass wir sie nicht mehr spüren. Die Wunden hindern mich am Leben. Solange ich verwundet bin, kann ich mich nur mit mir beschäftigen.« Es geht nicht darum, das Leid, das uns im Leben treffen kann, zu verharmlosen, sondern mit dem Leiden konstruktiv umzugehen, unsere Wunden in Quellen der Heilung zu verwandeln. Wir gehen kreativ mit unseren Wunden um, wenn wir uns mit ihnen aussöhnen, wenn wir damit rechnen, dass sie uns ein Leben lang begleiten. Wenn wir unsere Wunden annehmen, dann werden sie uns nicht mehr lähmen. Wir werden uns nicht bejammern, dass wir verletzt sind. Wir werden uns durch die Verletzung vielmehr nicht davon abhalten lassen aufzustehen, wenn jemand uns ruft, wenn jemand unsere Hilfe braucht. Die Wunde wird uns sensibler machen für die Menschen um uns herum.

Wenn wir als Kinder verletzt wurden, dann konnten wir das gar nicht verhindern. Wir hatten gar keine Chance, uns zu wehren und uns den Verletzungen zu entziehen. Aber ob ich immer wieder in den alten Wunden herumwühle und mich dadurch stets von neuem verletze oder ob ich mich mit meinen Verletzungen aussöhne und sie dann loslasse, das liegt doch in meiner Verantwortung. Natürlich dauert es für den einzelnen Menschen verschieden lang, bis er sich von alten Verletzungen verabschieden kann. Oft ist es sogar in der Therapie notwendig, die alten Verletzungen nochmals bewusst anzuschauen und den Schmerz nochmals zuzulassen, den ich damals empfunden, aber allzu schnell verdrängt habe. Erst dann kann ich die Verletzungen loslassen. Aber es gibt heute durchaus auch die Tendenz, seine Verletzungen zu kultivieren. Der französische Philosoph Pascal Bruckner hat das in seiner Streitschrift »Ich leide – also bin ich« treffsicher beschrieben. Er spricht von Viktimisierung, von der Tendenz, sich selbst als Opfer zu fühlen.

Gegen diese heute weit verbreitete Tendenz, »den begehrtesten Platz einzunehmen, den Platz des Opfers« (Bruckner 145), stellt Chrysostomus die radikal entgegengesetzte These auf, »dass kein Opfer Opfer eines anderen ist, sondern sein von ihm selbst verhängtes Geschick erleidet« (RAC 647). Wenn wir bei Bruckner lesen, zu welchen Blüten die Opferideologie führen kann, dann hat die These des Bischofs aus dem vierten Jahrhundert auch heute zeitkritischen Zündstoff. (…) Sich als Opfer zu fühlen, heißt immer, sich freizusprechen von Schuld, anderen die Schuld zuzuschieben. Gegen diese Opferideologie lohnt es sich zumindest, den Satz des Chrysostomus zu bedenken, auch wenn wir daraus keine Gegenideologie machen dürfen. Denn mit Ideologien hilft man dem Menschen nicht weiter. Es geht vielmehr darum, ihn in seiner konkreten Geschichte ernst zu nehmen und ihm zu helfen, mit seinem Leben und auch mit seinem Leiden möglichst kreativ umzugehen.

Wenn wir wie der Messias sorgfältig und behutsam mit unseren Wunden umgehen, dann werden wir auch fähig, die Wunden unserer Mitmenschen zu verbinden und zu heilen. Wir werden uns nicht gegenseitig bedauern, dass das Leben so schlimm sei. Vielmehr werden wir als verwundete Menschen aufstehen, wenn wir gebraucht werden. Wir werden aufstehen für das Leben, aufstehen für die Menschen. Wir werden zu verwundeten ÄrztInnen und SeelsorgerInnen. Wir hören auf, uns selbst zu verletzen, sondern wir finden im Glauben einen Weg, unsere Wunden fruchtbar werden zu lassen. Sie werden, wie Hildegard von Bingen sagt, zu kostbaren Perlen verwandelt. Wir tragen sie weiter mit uns, aber wie einen wertvollen Schatz, der uns in Berührung bringt mit unserem wahren Wesen, mit unserer göttlichen Natur, wie der zweite Petrusbrief formuliert. Und im Wissen um unsere göttliche Natur, im Wissen um den inneren Raum, der unterhalb der Wunden liegt, an dem uns niemand verletzen kann, werden wir frei von den alten Mustern der Selbstverletzung. Wenn wir in dieser Freiheit mit unseren Wunden umgehen, dann werden wir, wie Chrysostomus sagt, durch das Leid nur reifer und bewährter. Es wird uns nicht zerstören und verletzen. Es wird zu uns gehören als etwas Kostbares, das uns Anteil schenkt an Christi Leiden, das uns eins werden lässt mit Jesus Christus, in dem unsere Wunden zu Quellen des Heiles werden. In der Liebe Christi werden unsere Wunden zum Einfallstor für Gottes heilende und befreiende Liebe in unsere Welt.

Diese Art, Theologie im Dialog mit der Philosophie und Psychologie seiner Zeit zu treiben, wäre auch für uns heute eine wichtige Aufgabe. Sie könnte uns ermutigen, den Glauben nicht nur als etwas rein Geistiges zu sehen, sondern als konkrete Lebensweise, als Kunst des gesunden Lebens, als Weg in die Freiheit, die uns niemand nehmen kann, weil sie uns von Gott geschenkt wurde. Je mehr wir wie die biblischen Personen (…) an Gott als den Grund und Halt unseres Lebens glauben, desto freier werden wir von dem, was andere uns zufügen, desto freier können wir mit den Dingen umgehen, desto freier werden wir von dem Zwang, alles haben und erreichen zu müssen. Der Glaube an Gott führt vor allem in die letzte Freiheit, an der alle andere Freiheit zu messen ist, in die Freiheit gegenüber dem Tod. Denn auch der Tod kann uns nicht verletzen. Wenn wir glauben, dann wird der Tod für uns zum Tor, durch das wir schreiten, um das wahre Leben, die vollendete Freiheit in Gott zu erfahren.

Es sind meistens nicht die anderen, die uns verletzen, sondern wir selbst, indem wir uns falsche Vorstellungen von anderen machen. Und selbst wenn der andere uns verletzt hat, liegt es an uns, ob wir diese Verletzung durch Selbstbestrafung und Selbstentwertung fortsetzen, oder ob wir uns davon befreien, indem wir die Wirklichkeit so sehen, wie sie eigentlich ist. Dann bekommen wir Distanz zur Verletzung und wir entdecken die eigentliche Wirklichkeit unseres Lebens, wir kommen in Berührung mit dem inneren Raum in uns, der nicht verletzt werden kann, mit dem unverfälschten Bild Gottes von uns, mit der unantastbaren Würde, die uns niemand nehmen kann.

Auch die Angst will mich auf einen Schatz hinweisen, der unter ihr verborgen liegt. Doch dazu ist es notwendig, dass ich die Angst annehme und sie anschaue. Ich muss die Angst zulassen und mich in sie hineinspüren. Wenn ich etwa Angst habe vor dem Verlust eines Menschen, Angst, dass eine Beziehung in Brüche gehen könnte, dann muss ich sie zugeben und mir sagen: Ja, es kann sein, dass die Beziehung auseinandergeht. Und ich habe Angst, allein zu sein, an meiner Einsamkeit zu leiden. Die Angst konfrontiert mich mit meiner Einsamkeit. Doch wenn ich zu meiner Einsamkeit Ja sage, dann kann mich die Angst auf den Grund meines Daseins führen.

# Mein Gott, ist das Leben schön!

## Vom Glück und der Freude

Freude bringt in uns etwas in Bewegung. Sie ist eine heilende und anregende Kraft. Sie erzeugt Lebendigkeit, und sie treibt zu einem Handeln an, das auch für andere Menschen heilsam ist. Wenn einer sich verbissen für die Armen einsetzt, wird aus seinem Handeln nichts Gutes entstehen können, selbst wenn er noch so viel Kraft in seinen Einsatz steckt. Wer jedoch aus einer inneren Freude an die Arbeit geht, der wird mehr leisten und hilfreicher den Menschen dienen. Von seinem Handeln wird Lebensfreude ausgehen, und er wird Kreativität in den Menschen wecken, denen er hilft.

Die Kirchenväter sahen in der biblischen Aufforderung zur Freude einen Weg, die Gefühle zu verwandeln und die Wirklichkeit mit neuen Augen zu sehen, mit Augen des Glaubens, die durch das vordergründig Vorhandene hindurchschauen und auf dem Grund der Wirklichkeit Gott erkennen. Wer mit solchen Augen des Glaubens auf die Welt schauen kann, stößt nicht nur auf Gott, sondern in seinem Herzen auch auf die Freude. Er wird unterhalb seiner negativen Emotionen die Freude entdecken oder zumindest die Sehnsucht nach Freude.

Wenn Menschen mit der Spur ihrer Lebendigkeit in Berührung kommen, dann hat das oft eine heilsamere Wirkung, als wenn sie immer nur in den Wunden der Vergangenheit herumwühlen. Dort, wo jemand sich lebendig fühlt, dort ist er auch voller Freude. Freude ist Ausdruck der Lebendigkeit. Es muss nicht immer eine überschäumende Freude sein. Es kann auch das stille Gefühl von Stimmigkeit sein oder ein Sich-Wohlfühlen. Oder es kann eine kraftvolle Lust am Leben sein. Jeder hat in seiner Lebensgeschichte nicht nur Verletzungen und Defizite zu beklagen. Jeder hat irgendwann einmal Lebendigkeit erfahren. Mit dieser Lebendigkeit wieder in Kontakt zu kommen ist ein eminent therapeutischer Weg und zugleich ein spiritueller Weg. Denn nur auf diesem Weg kann jemand seine eigene religiöse Spur finden.

Freude ist Ausdruck einer intensiven Beziehung. Und Freude hat immer mit Schönheit zu tun. Die Schönheit der Schöpfung erzeugt von selbst in mir Freude. Aber es braucht auch Offenheit dafür. Wenn ich bewusst die Schönheit der Schöpfung wahrnehme und mich daran freue, dann ist das gesundheitsfördernd, dann tut das nicht nur dem Leib, sondern auch der Seele gut, dann werden meine Augen leuchten und das Leben in mir aufblühen. Ich habe dann nicht den Eindruck, das Leben sei eine Last. Ich denke dann nicht an den Termin, den ich wahrnehmen muss, sondern genieße die Farben der Bäume und Sträucher, das frische Grün im Frühling und das leuchtende Gelb und Rot im Herbst. Dann wird mein Herz weit.

Die Freude als Zeichen echter Spiritualität zeigt sich für mich nicht in lautem Lachen, nicht in der Fähigkeit, eine Gruppe zu unterhalten, sondern in der frohen Heiterkeit als Grundstimmung und in der Fantasie und Kreativität, die von einem Menschen ausgeht. Wer sich freut, der kreist nicht um sich. Er beobachtet nicht ständig seine Gefühle, sondern er lässt sich auf das Leben ein. Er lässt das Leben zu. Und Freude bewegt ihn zum Handeln. Das Handeln, das aus der Freude fließt, ist nicht beschwert von der Last der Pflichterfüllung. Es ist nicht gepaart mit dem Jammern darüber, wie schwer einem die Nächstenliebe oder die Arbeit fallen. Es strömt vielmehr aus einem heraus. Man hat Lust dazu, etwas anzupacken, dem anderen unter die Arme zu greifen. Das ist genau das Handeln, das Jesus im Blick hat, wenn er sagt: »Wenn du Almosen gibst, soll deine linke Hand nicht wissen, was deine rechte tut« (Mt 6,3).

Wenn ich aus der Lebensfreude heraus einem anderen helfe, dann reflektiere ich nicht darüber, ob ich jetzt das Gebot der Nächstenliebe erfüllt habe. Ich werde es mir selbst nicht vorrechnen und auch Gott nicht. Und ich werde es nicht herausposaunen, weil es keinen Grund gibt, darüber zu reden. Es war einfach selbstverständlich. Von Menschen, die froh sind, geht etwas Heilendes und Befreiendes aus. Da finden Menschen Hilfe, ohne dass sie den Eindruck haben, sie seinen nun zur Dankbarkeit verpflichtet. Das Handeln aus der Freude hat den Geschmack von Leichtigkeit, von Geschenk und Gnade, von Lust und Freiheit. Das tut einem gut. Das hinterlässt kein schlechtes Gewissen und kein bohrendes Fragen, wie ich es dem anderen vergelten könne. Ich freue mich einfach über das, was der andere mir aus Freude geschenkt oder getan hat.

Je mehr ich dem Geist Gottes in mir Raum gebe, desto mehr komme ich mit der Freude in Berührung, die in mir ist, unabhängig von der äußeren und inneren Situation, in der ich gerade stehe. Das gibt mir das Gefühl von Freiheit. Die Freude, die in mir ist, ist letztlich göttlich. Daher kann sie mir niemand streitig machen. Sie kann zwar getrübt werden. Aber sie ist unterhalb der Turbulenzen meines Lebens auf dem Grund meines Herzens immer vorhanden.

Gerade in Augenblicken meines Lebens, in denen es mir nicht gut geht, versuche ich, mit der inneren Freude in Berührung zu kommen. Dann habe ich das Gefühl: Es kann kommen, was will, diese innere Freude ist trotzdem in mir. Gott ist in mir. Und wo Gott ist, ist die Freude, die Ahnung, dass alles gut ist, die Freude darüber, ein Mensch zu sein, von Gott geliebt, mit Lebendigkeit und Fantasie begabt, ein freier Mensch, über den niemand Macht hat.

Jesus beginnt seine Predigt mit der Zusage: »Die Zeit ist erfüllt, das Reich Gottes ist nahe« (Mk 1,15). Er bietet uns die Fülle des Lebens an. Wenn Gott nahe ist und wenn wir uns in die Nähe Gottes stellen, dann kommt unser Leben in Ordnung, dann wird es mit einer neuen Freude erfüllt.

Lukas schildert daher in seinem Evangelium, dass überall dort, wo Jesus auftauchte und Gottes menschenfreundliche Nähe nicht nur in Worten, sondern mit seinem ganzen Verhalten verkündet, Freude herrschte. Wo Jesus wirkte, da war keine gedrückte Bußstimmung, keine Selbstentwertung und Selbstbeschuldigung, sondern da war die Ahnung, dass eine neue Lebensmöglichkeit angeboten wird, dass Freiheit und Freude unser Leben bestimmen könnten.

Die Freude an mir selbst ist einmal Freude an mir und meiner Einmaligkeit. Auch diese Freude kann ich lernen. Ich nehme mich bewusst wahr, wie ich bin, wie ich geworden bin. Ich sehe meine Lebensgeschichte mit ihren Höhen und Tiefen. Ich verschließe die Augen nicht vor den schmerzlichen Erfahrungen. Aber im Nachhinein kann ich auch dafür dankbar sein und froh, dass ich all das durchgestanden habe, dass ich jetzt so bin, wie ich bin. Freude hat hier auch mit Entscheidung zu tun. Ich entscheide mich für mich selbst. Ich erlaube mir, so zu sein, wie ich bin. Ich höre auf, mich ständig zu entwerten, mich mit anderen zu vergleichen. Ich bin ich. Ich bin von Gott geschaffen. Ich bin Gottes geliebter Sohn, Gottes geliebte Tochter.

Manche können sich nicht freuen, aus Angst, die Freude werde ihnen schon im nächsten Augenblick genommen. Aber das ist eben unser Anteil, dass wir uns freuen, solange es Zeit ist, dass wir aber auch bereit sind, das von Gott anzunehmen, was weniger angenehm ist. Freude ist immer die Zustimmung zum Augenblick. Ich kann mich nur wirklich freuen, wenn ich auch bereit bin, sie wieder loszulassen. Wer Freude festhalten will, der vertreibt sie oder verhindert sie schon im Vorhinein.

Dem, der einen Blick für die Schönheit der Schöpfung hat, bieten sich täglich tausend Gelegenheiten zur Freude. Schon wenn ich in der Frühe das Fenster öffne, kann ich mich freuen an der frischen Luft, die mein Zimmer durchdringt. Oder wenn die Sonne gerade aufgeht, kann ich mich am mildern Morgenrot freuen. Wenn ich durch die Natur gehe, kann ich die Schönheit der Blumen und der Gräser wahrnehmen, die Vielfalt der grünen Farben, die ich in einem Wald entdecke. Ich spüre den Wind, der mich zärtlich streichelt oder mich stürmisch durchweht. Ich rieche den Duft, der von den Tannen ausgeht oder von dem Heu, das auf der abgemähten Wiese liegt. Jeder Geruch erinnert mich an intensive Erfahrungen, die ich einmal mit ähnlichen Düften gemacht habe, und weckt die Emotionen in mir, die ich damals gespürt habe.

Wenn Gott die Freude ist, dann ist das Erlebnis intensiver Freude immer auch Gotteserfahrung. Viele meinen, sie seien nur dann fromm, wenn sie sich extra zum Gebet oder zur Meditation hinsetzen. Aber wenn die Freudenspur immer auch die spirituelle Spur ist, dann genügt es, die Erfahrung von Freude bewusst anzuschauen und zu Ende zu denken. Was erlebe ich eigentlich, wenn ich in der Tiefe meines Herzens froh bin? Was löst diese Freude aus?

Geistliches Leben bedarf sicher auch der Disziplin. Aber wenn Spiritualität vor allem darin bestünde, sich feste Gebetszeiten und den Besuch von Gottesdiensten aufzuerlegen, dann wäre sie zu sehr von außen übergestülpt. Und sie würde auf Dauer nicht zu leben sein. Wenn ich dagegen der Spur der Freude folge, dann werde ich genau die Spiritualität finden, die für mich stimmt, die Ausdruck meiner tiefsten Sehnsucht und meiner Beziehung zu Gott ist.

# Dein Leben sei ein Fest!

Von Ritualen, Festen
und Feiern

Das Kirchenjahr mit seinem Rhythmus tut dem Menschen gut. Für C. G. Jung ist das Kirchenjahr ein religiöses Heilsystem, das unsere Wunden heilt. Es bringt den Menschen in Berührung mit allen Aspekten seines Lebens. Es zeigt ihm, wozu er berufen ist, dass sein Leben Dimensionen hat, die im Alltag zu kurz kommen. Im Rhythmus des Kirchenjahres leben heißt auch, sich auf den Rhythmus der Natur einlassen, in Gleichklang kommen mit der Schöpfung und ihrer inneren Ordnung. Seit meiner Kindheit hat mich die Liturgie der Kartage und der Osternacht fasziniert. Und ich spüre, wie ich jedes Jahr darauf hinlebe. Aber auch auf viele andere Feste freue ich mich.

Und im Laufe des Jahres begleiten mich viele Heilige. Wenn ich morgens aufwache, überlege ich, wessen wir heute gedenken. Und wenn ich da auf Augustinus, Theresa, Maria aus Magdala, Anselm, Antonius, Barbara oder Katharina treffe, dann geben sie dem Tag ihre Prägung. Dann bestimmen nicht meine Termine den Tag, sondern die Ahnung, dass die Heiligen mich begleiten und etwas von ihnen auch in mir aufblühen möchte.

Auch die täglichen Gebete am Morgen und am Abend oder bei Tisch sind nicht eine Pflicht, die der Mensch erfüllen muss. Es tut uns vielmehr gut, den Morgen mit einem Gebet anzufangen, mit der Bitte um den Segen, mit der Gewissheit, dass Gott mich begleitet und dass er mir viele Begegnungen mit sich und mit guten Menschen schenken wird. Und abends ist es gut, den Tag nochmals Revue passieren zu lassen und ihn Gott zu übergeben. Die Rituale, mit denen ich den Tag beginne und beschließe, tun mir gut. Sie sind Ausdruck meines einmaligen Lebens. Gott braucht natürlich meine Rituale nicht. Ich lebe mit diesen Ritualen auch nicht, um irgendeine Pflicht zu erfüllen oder irgendjemand zu befriedigen, sondern weil ich mich in ihnen daheim fühle, weil ich Lust habe, meinem Leben eine Form zu geben und es selbst zu leben, anstatt gelebt zu werden.

Es müssen nicht immer fromme Rituale sein. Der eine hat das Ritual, dass er seine Kleider abends sorgfältig auf den Stuhl legt, der andere, dass er sich morgens zuerst ans offene Fenster stellt und die frische Luft einatmet. Rituale sind Formen eines guten Umgangs mit sich selbst. Ich gehe sorgsam und achtsam mit mir um, ich feiere den Augenblick, ich feiere das Leben. Da geht mir auf, was Athanasius mit dem Wort meint, das Roger Schutz so gerne zitierte: »Der Auferstandene feiert in uns ein unaufhörliches Fest.« Rituale sind Ausdruck dieses Festes, das der Auferstandene unaufhörlich in uns feiert.

Christliches Leben hat sich immer konkret dadurch ausgezeichnet, dass man den Tag gestaltet hat. Es gab täglich bestimmte Rituale, die uns an Gott erinnern sollten. Man begann den Tag mit dem Morgengebet. Der Tag beginnt anders, wenn ich ihn bewusst unter den Segen Gottes stelle. Rituale sind Erinnerungszeichen. Sie erinnern mich daran, dass Gott selbst die eigentliche Wirklichkeit meines Lebens ist. Rituale sind immer etwas Handfestes: Ich nehme eine Kerze in die Hand und zünde sie an. Ich mache eine Gebetsgebärde. Ich stelle mich zum Morgengebet oder ich knie mich nieder. Ich segne den Tag oder den Ehepartner oder die Kinder. Rituale sind eine Selbstvergewisserung, dass mein Leben unter dem Segen und der Verheißung Gottes steht, dass mein Leben gelingt. Natürlich wissen wir, dass das Gelingen nicht vom Ritual abhängt. Aber indem ich eine Kerze anzünde, stelle ich mein Leben bewusst in das Licht Gottes und drücke die Hoffnung aus, dass das Licht Jesu Christi alle Dunkelheit in mir erleuchte.

Heute haben viele das Gefühl, dass sie ständig damit beschäftigt sind, Erwartungen anderer zu erfüllen. Rituale sind ein Gegenpol. Sie vermitteln mir: Ich lebe selber, anstatt gelebt zu werden. Ich gestalte mein Leben, so wie ich es will. Rituale schaffen eine heilige Zeit und einen heiligen Ort. Während ich etwa mein Morgengebet verrichte oder mich auf den Meditationsschemel setze, hat niemand Zutritt zu mir. Die Zeit gehört Gott und sie gehört zugleich mir. Es ist eine heilige Zeit. Heilig ist das, was der Welt entzogen ist. Die Rituale vermitteln mir: Es gibt in meinem Leben eine heilige Zeit, die dem Terror der Welt, dem Terror der täglichen Termine entzogen ist.

Für die Griechen vermag nur das Heilige zu heilen. Die heilige Zeit, die mir das Ritual verschafft, ist daher etwas Heilsames für mich. Da komme ich in Berührung mit dem Heiligen in mir. Da kann ich aufatmen. Da fühle ich mich frei. Die Termine gehen mich in diesem Augenblick nichts an. Und die Menschen mit ihren Sorgen haben keinen Zutritt.

Rituale sind keine Leistung vor Gott. Gott braucht unsere Rituale nicht. Aber uns tun sie gut. Sie geben uns die Gewissheit, dass unser Alltag von Gott geprägt wird. Sie sind der Ort, an dem wir Gott begegnen, an dem Christus mit seinem Geist in uns eindringen kann. Sie scheinen nur ein äußerer Weg der Spiritualität zu sein. Aber ohne diesen äußeren Weg bleiben die spirituellen Gedanken nur im Kopf. Sie haben keine Auswirkung auf das Leben. Manche flüchten heute in spirituelle Ideen, um dem Chaos ihres Lebens auszuweichen. Je euphorischer eine Spiritualität ist, desto mehr ist sie in Gefahr, dem Leben mit seinen konkreten Anforderungen auszuweichen, anstatt es im Geiste Jesu zu gestalten und zu formen. Nur eine Spiritualität, die sich in die Erde hinein formt, die Fleisch annimmt und sichtbar wird, entspricht der christlichen Spiritualität, die ja von der Inkarnation, von der Fleischwerdung des göttlichen Wortes ihren Ausgang nimmt.

Viele tun sich schwer mit den christlichen Festen. Da sagen manche, sie könnten sich nicht freuen, nur weil jetzt gerade Weihnachten oder Ostern ist. Sie sind so mit sich selbst beschäftigt, dass sie sich nicht auf ein Fest einlassen können. Aber das zeigt gerade die ganze Not des heutigen Menschen. Er kreist so narzisstisch um sich selbst, er zelebriert seine Unlust, er feiert geradezu seine eigenen Wunden und Kränkungen, seinen Schmerz und seine Trauer, dass er sich nicht mehr davon distanzieren kann.

Das Fest ist eine Einladung, einmal all das zu vergessen, was uns bedrückt, und uns auf Gott einzulassen, auf den Gott unserer Freude. Natürlich kann ein Fest nicht automatisch in uns Freude erzeugen. Aber wenn ich mich in meiner momentanen Verfassung, in der mir vielleicht gar nicht nach Freude zumute ist, dennoch auf das Fest einlasse, dann komme ich in Berührung mit der Freude, die immer schon in mir ist, die momentan nur verdeckt ist durch den Schmerz und die Trauer, durch die Not und die Krise, in der ich gerade stecke. Ich muss die Freude nicht künstlich erzeugen. In uns sind immer beide Pole: Freude und Trauer, Freude und Lustlosigkeit.

Ein Fest feiern heißt nicht, die Augen vor den Problemen zu verschließen, sondern die Probleme von einer neuen Warte aus bewusst anzuschauen und sich dann davon zu distanzieren. Sie sind ein Teil des Lebens, aber nicht das ganze Leben. Ich darf sie auch einmal getrost beiseite lassen, um mich den positiven Aspekten des Lebens zu stellen, die mir das Fest vor Augen führt. Wenn ich mich auf das Fest einlassen, ohne an meinen Emotionen zu kleben und ohne mich unter Leistungsdruck zu stellen, mich unbedingt freuen zu müssen, dann kann in mir – ganz gleich, wie es mir gerade geht – doch Freude aufkeimen. Auf einmal spüre ich, wie relativ alles ist angesichts des Gottes, der alles zu verwandeln mag. Die vordergründige Wirklichkeit, die mich so bedrängt, hat auf einmal keine Macht mehr über mich. Ich spüre dahinter das eigentliche Leben. (…) Ich feiere das Fest mit der Verfassung, in der ich gerade bin. Und ich vertraue darauf, dass das Fest gerade in meine Situation ein wenig mehr Licht und Freude zu bringen vermag.

Oft tyrannisieren sich fromme Menschen, indem sie sich immer mehr religiöse Übungen und Werke auferlegen, um ihr schlechtes Gewissen zu beruhigen. Oder sie treiben sich zu Höchstleistungen in moralischer Hinsicht an. Sie meinen, sie könnten alle negativen Gedanken aus sich verbannen und entwerfen Strategien, wie sie alle Versuchungen schon im Anfangsstadium abwehren können. So eine Frömmigkeit wird dann oft eine einzige Tyrannei, ein Zwangssystem, das einen frommen Menschen in Griff hält. Die Frömmigkeit, die Jesus uns empfiehlt, verzichtet auf solche Höchstleistungen. Die Frömmigkeit ist die Antwort auf die Liebe Gottes, wie sie in Jesus Christus offenbar geworden ist. Sie braucht für ihre Antwort auch äußere Formen. Sie braucht Gebete, Gottesdienste, Rituale, stille Zeit, Meditation. Aber es geht nicht um ein Höchstmaß an Gebeten und Meditation, sondern um das Maß, das dem Menschen gut tut.

Alle religiösen Praktiken, die sich im Laufe der Zeit entwickelt haben, wollen den Menschen helfen, gut und gesund zu leben. Der sonntägliche Gottesdienstbesuch war nie als Last gedacht, die dem Menschen auferlegt ist. Es tut dem Menschen vielmehr gut, einmal in der Woche seinen normalen Rhythmus zu durchbrechen und sich Zeit für Gott und für sich selbst zu nehmen. Im Gottesdienst kann er immer wieder eintauchen in die eigentliche Wirklichkeit. Da kann er spüren, dass sein Leben mehr ist als Arbeit und Pflichterfüllung, dass er eine unantastbare Würde hat, dass er eine einmalige Berufung leben darf.

Heute haben viele Menschen das Bedürfnis, ihr Leben wieder durch Rituale zu feiern, weil in ihnen eine tiefe Sehnsucht steckt: ihr Leben müsse doch mehr sein als bloße Pflichterfüllung, als Herumhetzen und die Erwartungen der anderen erfüllen. Sie ahnen, dass ihr Leben einen tieferen Wert hat, teilhat an der Quelle des göttlichen Lebens, ja dass göttliches Leben selbst in ihm sprudelt. Wer dagegen nur so in den Alltag hinein lebt, der kann damit zwar jahrelang seine innere Leere verdecken. Aber irgendwann wird sie ihn einholen. Und dann wird er von der Sinnlosigkeit seines Lebens krank.

Ohne Rituale wird das Leben leer und sinnlos. Alles ist nur noch banal. Es gibt nur noch Arbeit und Vergnügen, aber keinen tieferen Sinn. Rituale zeigen, dass unser Leben sinnvoll ist, ja dass es einen göttlichen Wert hat. Der Mensch braucht, um gesund zu bleiben, etwas, das größer ist als er selbst. Das kommt in den Ritualen zum Ausdruck. Weil unser Leben einen unendlichen göttlichen Wert hat, formen wir es durch Rituale, feiern wir es mit unseren Ritualen. Die Rituale sind Ausdruck dessen, was Athanasius einmal gesagt hat, dass der Auferstandene ein unaufhörliches Fest in uns feiert. Unser Leben ist es wert, gefeiert zu werden, weil Christus selbst uns in seiner Auferstehung aufgerichtet und uns eine unantastbare Würde geschenkt hat.

Gehen Sie Ihren Tag einmal bewusst durch und beobachten sich dabei, welche Rituale Sie unbewusst verfolgen, wie Sie den Tag beginnen, wie Sie zur Arbeit gehen, wie Sie die Pausen gestalten und wie Sie den Tag beschließen. Dann überlegen Sie sich, ob diese Rituale Ihnen gut tun oder nicht, ob Sie sie bewusst vollziehen oder ob sie sich einfach so eingeschlichen haben.

Und dann fragen Sie sich: Welche Rituale täten mir gut? Worauf habe ich Lust? Wenn Sie daran gehen, Ihren Tag bewusster zu gestalten, ist es ganz wichtig, dass Sie sich nicht unter Leistungsdruck stellen und meinen, Sie müssten jetzt unbedingt viele Rituale in Ihren Tagesablauf einbauen. Sie sollten sich nie vom schlechten Gewissen leiten lassen. Ich erlebe gerade bei geistlichen Menschen, dass sie immer ein schlechtes Gewissen haben, wenn sie nicht genügend geistliche Übungen verrichten. Sie sagen dann: »Eigentlich sollte ich den Tag mit einer stillen Zeit beginnen, eigentlich sollte ich das Stundengebet beten.« »Eigentlich« müssen wir gar nichts. Gott fordert von uns keine Rituale. Wir brauchen ihn nicht zufriedenzustellen, und wir brauchen auch uns selbst und unseren Ehrgeiz nicht zu beruhigen. Es geht vielmehr um die Frage, was uns gut tut und worauf wir Lust haben.

Vor einer Gefahr müssen wir uns in Bezug auf die Rituale hüten, vor der Gefahr, alles ritualisieren zu wollen. Das würde zur inneren Verkrampfung führen und alle Lebendigkeit und Spontaneität rauben. Jeder Menschentyp muss anders mit seinen Ritualen umgehen. Für den einen wird es ganz wichtig sein, sich konkrete Rituale zu erarbeiten. Für den anderen dagegen ist es lebensnotwendig, dass er aus dem Gefängnis seiner eigenen Rituale ausbricht und es einfach genießt, im Augenblick zu sein. Für den einen wird es gut sein, den Morgen mit dem Stundengebet zu beginnen (…). Für den anderen dagegen wäre das nur Ausdruck seines religiösen Leistungsdenkens. Er müsste lernen, einmal all die religiösen Formen zu lassen und einfach nur der Spur der größten Lebendigkeit zu folgen, der Spur, die ihn zum Leben führt. Das kann die Spur der Aufmerksamkeit und der Achtsamkeit sein, indem er ganz langsam spazieren geht und mit allen Sinnen den Wind und die Sonne wahrnimmt und sich daran freut.

# Liebe, und tu, was du willst

## Vom Lieben und vom Nächsten

Wer nur um seine Selbstverwirklichung kreist, wird einsam, er isoliert sich von den Menschen. Da er nicht mehr auf die anderen zugeht und sich für sie interessiert, kümmert sich bald auch niemand mehr um ihn. Da er sich keinem zuwendet, erfährt er auch keine Zuwendung, nach der er sich so sehr sehnt. So schneidet er sich vom Leben ab. Leben heißt in Beziehung leben. Und dazu gehört eben, dass ich den Mitmenschen liebe. Wer nur um sich kreist, dessen Leben stagniert. Und er hat kein Ziel, nach dem er sich ausstrecken kann. Er hat keine Motivation, aus sich herauszugehen, sich auf ein Werk einzulassen, sich selbst einmal zu vergessen, um einem anderen zu helfen, um einen anderen zu lieben. Er bleibt in sich gefangen.

Es gibt eine narzisstische Form von Selbstverwirklichung, die uns daran hindert, der zu werden, der wir von Gott her sein könnten. Wir haben Angst, dass wir in unserem Helfen von anderen ausgenutzt werden könnten, dass wir nicht mehr genügend Zeit für uns hätten, dass wir unsere eigenen Gefühle nicht ernst nehmen könnten, die gerade etwas ganz anderes möchten, als dem anderen zu helfen. Sicherlich gibt es die Gefahr, ausgenutzt zu werden, dass das Helfenwollen zu einem Zwang wird und dass die Aggressionen in einer Person anschwellen, während sie dem anderen – angetrieben vom eigenen Über-Ich – hilft. Aber mich selbst und meine eigenen Wünsche einmal loszulassen, um mich auf den einzulassen, der gerade an meine Türe pocht, das kann mich zutiefst beglücken. Da kann mir eine unvermutete Begegnung geschenkt werden. Wenn ich einen Gast aufnehme, ohne an die Arbeit zu denken, die er mir macht, ohne mir alle eventuellen Störungen auszudenken, die er mit sich bringt, dann kann der Gast mir mehr geben als die Zeit, die ich für mich reserviere. Nicht umsonst mahnt uns der Hebräerbrief: »Vergesst die Gastfreundschaft nicht; denn durch sie haben einige, ohne es zu ahnen, Engel beherbergt« (Hebr 13,2). Gerade das Absehen von sich kann uns neue und beglückende Erfahrungen bescheren.

Ich darf die Nächstenliebe nicht immer nur hinterfragen, welche egoistischen Motive dabei sein könnten. Natürlich wissen wir, dass in unserem Helfen oft auch ein Machtanspruch ist, dass wir es brauchen, um uns stärker zu fühlen als die, denen wir helfen. Aber vor lauter Problematisieren dürfen wir das Helfen nicht vergessen. Sonst werden wir isoliert und einsam. Den Nächsten zu lieben, tut ja auch mir selbst gut. Es dürfen auch egoistische Motive dabei sein. Wenn ich einen liebe, darf ich ja durchaus erwarten, dass ich auch etwas zurückbekomme. Wer die ganz selbstlose Liebe möchte, der geht grausam mit dem Menschen um. Das ist vielleicht manchen Heiligen gelungen. Aber wir müssen nicht gleich das höchste Ideal leben. Wir müssen uns nur bewusst sein, dass in unserer Nächstenliebe durchaus auch egoistische Motive versteckt sind. Dann wird der Egoismus die Nächstenliebe nicht verderben. Die Egoismusfalle heutiger Selbstverwirklichung führt oft zu Zweifeln an der echten Nächstenliebe. Aus lauter Angst, es könnten hinter ihr falsche Motive stecken, lässt man sie lieber sein. Man sieht nur noch die eigenen Bedürfnisse. Damit wird das Leben aber schal und unfruchtbar, und wir gehen nicht gut mit uns um. Denn wir berauben uns der Freude, die in uns aufkommt, wenn wir einem andern wirklich helfen konnten.

Die Beziehungen der Gemeinschaft untereinander werden meine eigene Beziehungsfähigkeit oder -unfähigkeit widerspiegeln. Daher kann sich die Gemeinschaft nur wandeln, wenn ich mich in der Beziehung zu ihr wandle, wenn ich mich immer wieder neu auf sie einlasse und ihr zutraue, dass Gott sie zum Ort seiner Gegenwart erwählt hat. Dabei muss ich die gruppendynamischen Gesetze beachten. Sie können mir helfen, Prozesse der Wandlung in Gang zu bringen, die durch bloßes Zureden nie entstehen würden. Ich muss die psychologischen Voraussetzungen kennen, wie Menschen im Miteinander ihre Angst abbauen und Offenheit lernen können. Das ehrliche und offene Miteinander im Gespräch und im gemeinsamen Handeln wird mit der Zeit die Beziehungen untereinander verwandeln und neue Wege eröffnen.

Moralische Appelle werden die Gemeinschaft nicht wandeln. Ich muss mich schon mit der Gemeinde auf einen gemeinsamen Übungsweg einlassen. Dann kann der Weg uns wandeln. So ein Übungsweg könnte etwa eine gemeinsam gestaltete Fastenzeit sein, gemeinsame Fastenwochen, gemeinsame Meditationen oder Bibelteilen, das könnte darin bestehen, dass die Gemeinde miteinander auf umweltgerechtes Verhalten achtet, dass sie sich gemeinsam um Randgruppen kümmert. Entscheidend ist, dass eine Gemeinde sich miteinander auf den Weg macht. Dann wird der Weg zum Wandlungsweg werden. Weder Moral noch Dogma verwandeln die Gemeinde. Auch wenn die Lehre noch so richtig und durchdacht ist, noch so modern klingt, so hat sie in sich keine wandelnde Kraft. Nicht die Lehre, sondern das gemeinsame Hören auf das Wort Gottes, das gemeinsame Ringen um Gottes Willen für uns heute, wird Gemeinde verwandeln.

Wenn ich mich wandle in meinen Gefühlen, in meinen Träumen, in meinem Leib, dann werden auch meine Beziehungen anders. Und umgekehrt geschieht Verwandlung gerade durch die Begegnung mit anderen Menschen. Jede Begegnung verwandelt uns. In der Begegnung mit einem Menschen entdecken wir, wer wir eigentlich sind, wir kommen in Berührung mit unserem wahren Wesen.

Die Begegnung ist ein wichtiger Ort, an dem Verwandlung geschieht. Begegnung geschieht immer nur in kurzen Augenblicken. Die Beziehung zwischen den Menschen dagegen spiegelt ein dauerndes Verhältnis wider. Die Verwandlung des Einzelnen wirkt sich auf seine Beziehungen aus. Wir können die Verwandlung des Menschen in einer Beziehung und die Wandlung der Beziehung selbst beobachten. Beides hängt eng miteinander zusammen. Meine Verwandlung verändert meine Beziehungen und die Wandlung der Beziehung wirkt sich auf den Prozess meines Reifens und Wachsens aus.

Der zweite Teil des Hauptgebotes Jesu heißt: »Deinen Nächsten sollst du lieben wie dich selbst« (Lk 10,27). Früher hat man das letzte Wort »wie dich selbst« oft überhört. Man hat aus der Nächstenliebe ein Gebot gemacht, das überfordert, das eine Person von sich selbst entfremdet. Man darf nur an den anderen und dessen Wohl denken, aber nicht an sich selbst. Man muss möglichst viele Taten der Nächstenliebe vorweisen, um vor Gott bestehen zu können. Heute sind wir eher in Gefahr, den ersten Teil des Hauptgebotes wegzulassen und zu glauben, die Liebe zu sich selbst sei das Wichtigste. Ohne sie könne man den Nächsten nicht lieben. Auch wenn es noch so sehr stimmt, dass ohne Selbstliebe keine Nächstenliebe möglich ist, so kann ein zu großes Betonen der Selbstliebe zu einem narzisstischen Kreisen um sich selbst entarten. Zu einem gesunden Leben gehört die Spannung zwischen diesen beiden Polen.

Wenn ich zu meiner eigenen Wirklichkeit vorgestoßen bin, dann werde ich sie auch in der Beziehung zu meinen Freunden oder zu meinen Arbeitskollegen leben können. Ich werde mich nicht mehr manipulieren lassen. Viele verlieren sich selbst in der Beziehung zu anderen. Sie geben anderen soviel Macht über sich, dass sie nicht mehr sie selbst sind. Sie werden von der Stimmung der anderen bestimmt, aber auch von ihren Erwartungen und Ansprüchen. Oder sie erliegen den Projektionsmechanismen, die sich in Beziehungen häufig abspielen. Sie werden durch die Projektionen anderer festgelegt. Die Projektionen sind wie ein Kleid, das man ihnen überstülpt und das sie zu einem ganz anderen Menschen macht, zu einem Tier, wie viele Märchen meinen. Es gibt Situationen, in denen wir uns den Projektionen kaum entziehen können. Sie beeinflussen uns, auch wenn wir sie noch so sehr durchschauen. Da ist das Gespräch mit einem Begleiter wichtig, damit wir die Projektionen verobjektivieren und dann mit ihnen aktiv umgehen können. Manchmal bleibt als Lösung nur übrig, aus krankmachenden Beziehungen auszubrechen und ein neues Beziehungsfeld zu suchen, in dem wir die Chance haben, das eigene Leben zu leben.

Martin Buber hat die verwandelnde Kraft der Begegnung zum Mittelpunkt seiner Philosophie gemacht. Ich gehe anders aus einer Begegnung heraus, als ich hineingegangen bin. Schon der wohlwollende Blick des anderen wandelt mich. Er bringt mich in Berührung mit dem eigenen Wohlwollen, mit der Liebe, die in mir oft genug verborgen schlummert und darauf wartet, von einem liebenden Menschen aufgeweckt zu werden. Dornröschen braucht den Prinzen, der sie durch seinen Kuss aus dem Schlaf weckt. Es ist letztlich immer eine Liebesverwandlung, die uns in der Begegnung zuteil wird.

Die Begegnung ruft in uns die eigene Liebesfähigkeit hervor. Sie bringt einen Prozess in Gang, den wir selbst nicht ankurbeln können. Wir brauchen den liebenden Blick, die vorurteilslose Begegnung, um den Schatz in uns zu entdecken und zu heben. Ich entdecke mein Ich gerade am Du. Die Begegnung mit dem Du lässt mich erkennen, was das tiefste Geheimnis meines Selbst ist. Und sie bewirkt, dass mein Selbst aus dem Chaos meiner verschiedenen Gedanken und Gefühle, aus dem Durcheinander meiner Rollen und Masken, klar hervortritt und immer mehr zu seiner wahren Gestalt heranwächst.

In der wirklichen Begegnung kann Gott selbst die Herzen der Menschen verwandeln. Die Frage ist, ob wir zu solch verwandelnden Begegnungen fähig sind. Sie verlangen Offenheit und Ehrfurcht vor dem anderen, die Freiheit von Vorurteilen, die Bereitschaft, sich jetzt auf den anderen einzulassen, die Haltung, dass dieser Mensch im Augenblick der einzig wichtige auf der Erde ist.

Seelsorge meint jedoch nicht nur die Verwandlung des Einzelnen durch Begegnung, sie hat vielmehr auch die verwandelte Gemeinde im Blick. Die Frage ist, wie sich eine Pfarrgemeinde wandeln kann und was die Seelsorge dazu beitragen könnte. Eine Voraussetzung für die Verwandlung der Gemeinde ist mein Glaube, dass Gott die Gemeinschaft in Bewegung bringen kann. Ich muss Gott zutrauen, dass er in dieser Gemeinde wohnen und wirken will. Und ich muss den Menschen zutrauen, dass sie bereit und offen sind für Verwandlung. Auch hier gibt es keine billigen Tricks, Verwandlung herbeizuführen. Oft wird sich unmerklich etwas in der Gemeinde wandeln, wie das Senfkorn, das lange unsichtbar bleibt, bis es zu einem Baum wird, an den andere sich lehnen und in dessen Zweigen Vögel zwitschern können. Ich muss nur an diese Verwandlung glauben und ich muss mit den Augen des Glaubens immer wieder auf das schauen, was schon wächst. Wenn ich es dann anspreche und als Gottes Wirken deute, kann es weiter wachsen. Aber ich muss auch die Zeiten glaubend aushalten, in denen sich scheinbar nichts tut. Der Glaube an die Menschen und das Gebet für sie wird sie verwandeln. Das Beten wird mich selbst sensibler machen für die Anzeichen von Gottes Wirken in den Menschen.

Christus selbst hat uns zur Freiheit befreit. Wenn wir auf die Selbsthingabe Jesu am Kreuz schauen, werden wir frei von allem Verhaftetsein an uns selbst, werden wir frei, uns in der Liebe für andere hinzugeben. Wer liebt, der ist vor allem von sich selbst frei. Aber er ist nicht frei von Leidenschaften und er ist nicht frei von dem Schmerz, den geliebte Menschen ihm zufügen können. Ja, die Liebe macht gerade verletzlich. Liebe gibt es nicht ohne Schmerz. Aber die Verletzung, die ich in der echten Liebe erfahre, hat nichts mit Selbstverletzung zu tun. Vielmehr deckt uns die Liebe oft alte Kränkungen auf. Das tut weh, aber die Liebe vermag, die aufgedeckten Wunden auch zu heilen.

Für den Christen ist das Ziel der Freiheit die Liebe, die sich hingeben kann, die sich von den Menschen auch verwunden lässt. Es ist aber keine Liebe, die uns unter Druck setzt, keine Liebe, die uns überfordert oder uns ein schlechtes Gewissen macht, wenn wir einmal Nein sagen. Es ist vielmehr eine Liebe, die frei ist, sich auf einen Menschen und auf eine Gruppe einzulassen und sich von seinem Engagement aufreiben zu lassen, die aber auch frei ist, sich abzugrenzen und Nein zu sagen, wenn sie spürt, dass es stimmt.

Mich erinnert das an das berühmte Wort der hl. Teresa von Avila: »Nichts soll dich ängstigen, nichts dich erschrecken, alles vergeht. Gott ändert sich nicht. Geduld erlangt alles. Wer Gott hat, dem fehlt nichts: Gott nur genügt.« Für die große spanische Mystikerin führt uns die Erfahrung Gottes zur inneren Freiheit. Wenn Gott wirklich in uns ist, wenn wir Gott in seiner Liebe so begegnen, dass er uns genügt, dann kann uns kein Mensch etwas anhaben. Dann haben wir keine Angst vor den Verletzungen, die uns unsere Umgebung zufügt, dann haben wir keine Angst vor denen, die nach außen hin machtvoll auftreten. Wir haben einen anderen Halt. Der mystische Weg, wie ihn Teresa versteht, ist immer auch der Weg der Freiheit, der Weg, der uns befreit von der Macht der Menschen, der Weg, der uns befreit von der Selbstverletzung und von den Verletzungen, die von außen kommen. Aber diese Unverletzlichkeit, zu der uns die Erfahrung Gottes führt, ist nicht ein Panzer, den wir uns anlegen, um nichts an uns heranzulassen. Es geht nicht um Gefühllosigkeit, sondern um eine Erfahrung der Liebe. Die Liebe macht uns durchaus verwundbar. Aber diese Verwundbarkeit hat nichts mit Selbstverletzung zu tun. Die Liebe Gottes kann wie ein Schutz sein gegenüber der Bosheit derer, die uns verletzen möchten. Sie ist stärker als alles, was uns von außen bedroht. Und wenn wir in dieser Liebe auch die lieben, die uns verfolgen und verletzen, dann entdecken wir in ihrem verletzenden Tun ihre eigenen Kränkungen, die sie an uns weitergeben. Dann nehmen wir ihre Verletzungen nicht mehr persönlich, sondern als Ausdruck ihrer eigenen Wunden. Wenn unsere Liebe stark genug ist, vermag sie sogar die Wunden dessen zu heilen, der uns verletzt. Die Liebe Christi, der in seinem Tod selbst die noch geliebt hat, die ihn umbrachten, hatte in sich die Kraft, die Wunden seiner Mörder zu heilen.

# Bitte, und du wirst erhört werden!

## Vom Reden mit und von Gott und der Welt

Fromme Menschen meinen oft, sie müssten zur Arbeit hinzu nun auch noch ein Pensum an geistlichen Übungen leisten. Und sie fühlen sich sehr schnell überfordert. Wer durch sein geistliches Leben die Verwandlung in der Tiefe seines Herzens erfahren hat, der sieht Arbeit und Gebet nicht als zwei Forderungen, die er erfüllen muss, sondern als eine innere Einheit, als zwei Pole, die sich gegenseitig bedingen. Der Pol des Gebets ist für den Gegenpol der Arbeit wichtig, damit er nicht maßlos wird. Und der Pol der Arbeit bewahrt das Gebet davor, dass es zu einem frommen Narzissmus verkommt.

Gebet ist keine Leistung neben der Arbeit, sondern die Erfahrung der inneren Quelle, aus der heraus die Arbeit fließen will. Die Arbeit wird dann keine krampfhafte Leistung mehr. Ich muss mich darin nicht mehr beweisen. Sie bekommt vielmehr etwas Fließendes, Weiches, Fruchtbares. Sie wächst aus der Quelle und wird nicht mehr mit Gewalt aus mir hervorgepresst. Und sie entsteht aus einer tieferen Dimension, aus der Beziehung zu Gott, der in der Arbeit sein Werk schaffen möchte.

Der Wandlungsweg des geistlichen Lebens geht vor allem über das Gebet und die Meditation. In der Meditation, so wie sie die frühen Mönche verstehen, geht es nicht darum, über ein Wort aus der Schrift nachzudenken, sondern sich durch das Wort mehr und mehr verwandeln zu lassen. Indem ich mir immer wieder ein Wort aus der Schrift vorsage und es mit dem Atem verbinde, verwandelt Gott selbst mich durch sein Wort, in dem er gegenwärtig und wirksam ist.

Das Wort ist für die Alten nie nur Träger von Informationen, sondern immer auch von Kraft. Es ist immer ein wirkmächtiges Wort, das Gott zu uns spricht. Indem wir das Wort meditieren, lassen wir Gott selbst an uns wirken. Das Wort bewirkt, was es besagt. In ihm verwandelt Gott selber unser Denken. Er ermöglicht ein neues Denken, ein Umdenken.

Wir trauen Gott nicht zu, dass alles, was in uns ist, einen Sinn hat, und dass Gott alles in uns verwandeln kann. Der Glaube an die Verwandlung durch Gott verlangt von uns nicht, dass wir alles in den Griff bekommen, sondern dass wir ehrlich alles, was in uns auftaucht, Gott hinhalten. Es geht nicht um die Alternative, entweder selbst aktiv an sich zu arbeiten oder passiv nur an sich geschehen zu lassen. Frömmigkeit braucht immer auch unsere Aktivität. Nur muss sie richtig eingesetzt werden. Unsere Aktivität besteht darin, dass wir achtsam alle unsere Gedanken und Gefühle, unsere Leidenschaften und unsere Bedürfnisse, unsere Ängste und unsere Sehnsüchte wahrnehmen und sie Gott hinhalten, mit Gott darüber sprechen, was er uns damit sagen möchte, zu welcher Gestalt er uns formen möchte.

In seiner Botschaft – vor allem in den Gleichnissen – zeigt Jesus den Menschen, wie sie so leben können, dass es Gottes Willen entspricht und dass das Leben gelingt. Er befreit sie vom Joch des Gesetzes und legt Gottes Willen so aus, dass der Mensch unter Gottes Willen aufblühen kann. Das Gesetz soll dem Menschen dienen und nicht umgekehrt: »Der Sabbat ist für den Menschen da, nicht der Mensch für den Sabbat« (Mk 2,27). Der Wille Gottes ist, dass der Mensch seinem Wesen entsprechend lebt, dass er so lebt, dass er Gott in dieser Welt sichtbar werden lässt.

Es geht nicht darum, sich ein schlechtes Gewissen einzureden, wenn man seine religiösen Pflichten nicht erfüllt hat. Die religiösen Pflichten dienen uns und nicht wir ihnen. Der Sabbat ist für den Menschen da und nicht umgekehrt. Aber in unsere Frömmigkeit schleicht sich immer wieder dieses Leistungsdenken ein, gepaart mit einem permanenten schlechten Gewissen, weil man ja eigentlich noch mehr beten und meditieren könnte. Das schlechte Gewissen ist nie ein guter Ratgeber für echte Frömmigkeit. Wer mit seinen Gebeten nur sein schlechtes Gewissen beruhigen möchte, der kommt nie zur Ruhe, und er geht hart mit sich um. Denn er wird es mit noch so vielen Gebeten nicht schaffen, das Gewissen zu beruhigen. Ich muss Gott nicht mit irgendwelchen Werken und Gebeten zufrieden stellen. Ich bete, weil ich in mir die Sehnsucht nach Gott spüre und mit dieser Sehnsucht in Berührung kommen möchte. Und ich lebe christlich, weil ich fasziniert bin von Jesus Christus, weil ich mein Leben nach ihm ausrichten möchte und weil es mir selbst gut tut, in Jesu Geist zu leben.

Entscheidend für meine Frömmigkeit ist das richtige Gottesbild. Von meinem Gottesbild hängt auch mein Selbstbild ab. (…) Ein krankes Gottesbild macht auch die menschliche Seele krank. Von einem verzerrten Gottesbild gehen Kräfte der Auflösung aus und die Neigung zu Verkrampfung und Verhärtung. Wenn ich also ein krankes Gottesbild habe, etwa das Bild des Buchhaltergottes, des Willkürgottes, des Leistungsgottes, dann prägt das meine Frömmigkeit. Dann habe ich das Gefühl, ich müsse vor Gott immer etwas leisten, ich müsse alle Pflichten erfüllen, damit ich in seiner Buchhaltung ja gut abschneide. Ein grausames Gottesbild führt auch zu einer grausamen Frömmigkeit, in der wir hart mit uns selbst umgehen. Daher muss ich mir immer wieder Rechenschaft darüber geben, welches Gottesbild mich unbewusst prägt.

Wer achtsam mit den Dingen umgeht, wird auch behutsamer mit sich selbst umgehen. Der Umgang mit den Dingen ist normalerweise ein Test für die innere Haltung eines Menschen. Da drückt sich seine Seele aus. Umgekehrt können wir aber auch durch den behutsamen Umgang mit den Dingen eine innere Achtsamkeit lernen. Es ist ein weites Übungsfeld. Benedikt hat dem Cellerar diese Aufgabe gestellt, durch die Achtsamkeit mit den Dingen innerlich achtsamer und feinfühliger zu werden: »Alle Geräte des Klosters und den ganzen Besitz betrachte er wie Heilige Altargefäße. Nichts möge er vernachlässigen.« Er soll die Welt als Schöpfung Gottes sehen. Sie hat eine innere Verwandtschaft zu ihm selbst. Wie er mit den Dingen umgeht, so geht er mit sich selbst um. Wenn er die Welt als Freund betrachtet und freundlich mit ihr umgeht, wird sie auch freundlich mit ihm sein. Sie wird ein Teil von ihm. Eine innere Einheit entsteht, Freude aneinander.

Der gute Umgang mit der Schöpfung ist heute nicht nur die Aufgabe des Einzelnen. Die Gesellschaft muss als ganze die Schöpfung behutsam behandeln, wenn sie gut leben will. Wohnsilos aus Beton steigern die gegenseitige Aggressivität. Wie die Menschen mit der Natur umgehen, so werden sie auch einander begegnen.

Im Lukasevangelium wird Jesus als der barmherzige Heiland geschildert, der sich gerade den Armen zuwendet. Er geht gut mit den Menschen um. Die Botschaft, die er ihnen verkündet, ist befreiend. Er hat mit seinen Worten die Menschen aus der Sklaverei des Gesetzes befreit, wie es zur Zeit Jesu von vielen Kreisen ausgelegt worden ist. Und er hat gerade Sündern und Zöllnern Barmherzigkeit erwiesen und sie ermutigt, sich selbst nicht aufzugeben, sondern neu anzufangen. Jesus vermittelt den Menschen, dass sie sich nie aufgeben dürfen, weil Gottes Barmherzigkeit für sie immer gilt. Aber Jesus fordert uns auch heraus, neue Möglichkeiten der Liebe zu versuchen, einer Liebe, die alles hingibt, die nicht am Besitz, nicht an Menschen festhält, weil sie Gottes Liebe erfahren hat.

In Jesu Barmherzigkeit erkenne ich Gottes Herz für uns, da wird für mich Gottes barmherzige Güte erfahrbar. Gottes Barmherzigkeit möchte auch in unserem Leben sichtbar werden, in unserem barmherzigen Umgang mit dem Nächsten, aber auch in der Barmherzigkeit, die wir uns selbst erweisen.

Viele erfahren ihr Gebet nicht als Dialog, sondern eher als Monolog. Und sie fragen, ob sie da nicht gegen eine leere Wand reden. Andere tun sich schwer, Worte zu finden, um das Gespräch in Gang zu bringen. Gebet ist für sie anstrengend. Und oft geben sie es auf, weil sie nicht wissen, wie und was sie Gott sagen sollen. Um den Problemen, die viele mit dem Gebet haben, besser gerecht zu werden, kann ein anderer Begriff hilfreich sein: das Gebet als Begegnung. Über das Geheimnis der Begegnung hat vor allem Martin Buber neu nachgedacht, der in seiner Schrift »Ich und Du« das Du in der Begegnung zum Ausgangspunkt der eigenen Selbstfindung macht: »Ich werde am Du; Ich werdend spreche ich Du. Alles wirkliche Leben ist Begegnung.«

Matthäus hat in die Mitte der Bergpredigt das Vaterunser gesetzt. Die Bergpredigt ist eine Auslegung des Vaterunsers. Das heißt aber auch, dass wir nicht beten können, ohne dass sich unser Verhalten ändert. Ein Beten, das nicht zu einem neuen Tun führt, bleibt unfruchtbar.

Umgekehrt gilt: unser Verhalten muss aus der Quelle des Gebetes fließen. Sonst wird es uns überfordern. So hat Matthäus in der Bergpredigt schon eine Verbindung von »ora et labora«, von Mystik und Politik, von Kampf und Kontemplation geschaffen. Das Beten führt zu einem neuen Verhalten. Und das neue Verhalten speist sich immer wieder aus der Quelle des Gebetes.

Sich auf die Quellen christlicher Spiritualität zu besinnen bedeutet nicht, sich von allen anderen Formen der Spiritualität abzugrenzen. Vielmehr geht es heute darum, in einen offenen und ehrlichen Dialog auch mit anderen Religionen und mit anderen spirituellen Richtungen einzutreten. Die Autoren des Neuen Testaments haben uns diesen Dialog schon vorgemacht. Sie haben ihre Spiritualität immer im Gespräch mit den damaligen spirituellen Bewegungen entwickelt (…). Das Ziel christlicher Spiritualität ist es, immer mehr in die Gestalt Jesu hineinzuwachsen und sich von seinem Geist durchdringen zu lassen. Es ist ein Geist wahrer Menschlichkeit. Im Titusbrief heißt es von Jesus Christus: »Erschienen ist die Güte und die Menschenliebe (humanitas, philanthrophia = wahre Menschlichkeit, Menschenfreundlichkeit) Gottes, unseres Retters« (Tit 3,4). Die christliches Spiritualität soll diese Güte und Menschenliebe im Verhalten und in der Ausstrahlung der Christen für unsere Welt heute sichtbar werden lassen. Wenn das gelingt, dann tragen wir Christen durch unseren spirituellen Weg bei zur Humanisierung dieser Welt. Dann wird die Welt durch uns versöhnter, friedlicher und heller werden.

Der erste Akt des Gebetes ist, dass ich erst einmal mit mir selbst in Berührung komme. Das haben uns die Kirchenväter und früheren Mönche immer wieder gelehrt. So sagt Cyprian von Karthago: »Wie kannst du von Gott verlangen, dass er dich hört, wenn du dich selbst nicht hörst? Du willst, dass Gott an dich denkt, und du selber denkst nicht an dich.«

Wenn ich sofort in fromme Worte oder Gefühle fliehe, so führt mich das Gebet nicht zu Gott, sondern nur in die weiten Räume meiner Fantasie. Ich muss erst ehrlich in mich selbst hineinhorchen. In der Begegnung mit Gott muss ich mir selbst begegnen. Dabei können wir nicht sagen, was zuerst kommt, die Selbstbegegnung als Voraussetzung für die Gottesbegegnung oder die Gottesbegegnung als Voraussetzung für die Selbstbegegnung. Beides bedingt sich gegenseitig und vertieft sich einander.

# Du bist beschenkt!

Vom Unverfügbaren und den
Gaben Gottes

Wer das Wort Gottes mit bereitwilligem Herzen aufnimmt, dem bringt es reiche Frucht, dessen Leben wird gelingen (Mt 13,8). Jesus will uns zu einem Leben aus dem Vertrauen aufrufen. Wir sollen nicht ständig ängstlich danach Ausschau halten, wie weit die Frucht unseres Lebens schon gediehen ist. Er vergleicht das Reich Gottes mit einem Mann, der Samen auf seinen Acker sät. »Dann schläft er und steht wieder auf, es wird Nacht und wird Tag, der Samen keimt und wächst, und der Mann weiß nicht, wie. Die Erde bringt von selbst ihre Frucht, zuerst den Halm, dann die Ähre, dann das volle Korn in der Ähre« (Mk 4,27f.). Gott sorgt für uns, er lässt die Frucht in uns wachsen, wenn wir ihn nur an uns handeln lassen, wenn wir uns ihm nur öffnen. Wir brauchen nicht ständig mit schlechtem Gewissen herumzulaufen, ob wir schon genügend getan haben.

Paulus wird nicht müde zu betonen, dass Christus uns von dem Zwang befreit hat, alles selbst machen zu müssen, von dem Zwang, uns selbst gerecht, richtig zu machen, perfekt zu sein. »Zur Freiheit hat uns Christus befreit. Bleibt daher fest und lasst euch nicht von Neuem das Joch der Knechtschaft auflegen!« (Gal 5,1). Wir haben in uns die Tendenz, uns selbst zu versklaven durch innere Verträge, die wir mit uns selbst aushandeln: »Wenn ich genügend bete, kann mir nichts passieren. Wenn ich kein Fleisch esse, bekomme ich keinen Krebs. Wenn ich jogge, wird mich kein Herzinfarkt heimsuchen.« Wir meinen, unser Leben gelinge nur, wenn wir ganz bestimmte Bedingungen erfüllen, wenn wir das Gesetz erfüllen, das uns unser Über-Ich aufgezwungen hat. Paulus wird nicht müde zu sagen: »Lass deine Versuche, dich unter ein Gesetz zu zwingen. Du bist frei. Christus hat dich schon gerechtgemacht, dass du richtig bist, o.k., du musst dich nicht selbst beweisen. Alles, was dir bleibt, ist, der befreienden Liebe Christi zu antworten.«

Um wirklich leben zu können, müssen wir die Illusionen loslassen, die wir uns über unser Leben gemacht haben. Und so eine Illusion besteht in der Meinung, wir könnten unsere Gerechtigkeit selbst schaffen. Paulus lässt seine eigenen Bemühungen los und schaut nur noch auf Christus. Christus ist für ihn der Garant, dass sein Leben gelingen wird. »Ich vergesse, was hinter mir liegt, und strecke mich nach dem aus, was vor mir ist. Das Ziel vor Augen, jage ich nach dem Siegespreis: der himmlischen Berufung, die Gott uns in Christus Jesus schenkt« (Phil 3,14). Die Freiheit vom Gesetz ist für ihn die eigentliche Botschaft Jesu. Wir müssen uns nicht mehr versklaven, wir dürfen gut mit uns umgehen, wir sind nicht mehr unter der Herrschaft des Gesetzes, sondern dürfen aus dem Geiste leben, aus Gottes Geist: »Jetzt aber sind wir frei geworden von dem Gesetz, an das wir gebunden waren, wir sind tot für das Gesetz und dienen in der neuen Wirklichkeit des Geistes, nicht mehr in der alten des Buchstabens« (Röm 7,6).

Aus dem Geiste leben, das heißt, seiner innersten Berufung nach zu leben, nicht von außen bestimmt zu werden, von den Erwartungen und Anforderungen der Menschen, sondern von innen her, vom Gespür für die eigene Würde, für die eigene Einmaligkeit, für das Charisma von Gott her. Aus dem Geist leben, das ist die Freiheit von dem Zwang, sich selbst beweisen zu müssen, es ist das Leben aus Dankbarkeit für das, was Gott uns geschenkt hat.

Das Ziel des christlichen Lebens ist nicht, irgendwelche Normen zu erfüllen und daran gemessen zu werden, sondern das Wachsen in der Gestalt, die Gott jedem von uns zugedacht hat: »Wir wollen uns, von der Liebe geleitet, an die Wahrheit halten und in allem wachsen, bis wir ihn erreicht haben. Er, Christus, ist das Haupt« (Eph 4,15). Es ist ein Wachsen in der Liebe und in der Wahrheit. Der Christ, der sich auf Jesus Christus einlässt, wird immer mehr ein liebender, und er kommt immer mehr mit der eigenen Wahrheit in Berührung. Er erkennt, wer er in Wirklichkeit ist. Und das christliche Leben besteht darin, dieser innersten, von Gott geschenkten Wirklichkeit gerecht zu werden, das zu leben, was Gott allein mir zutraut und zumutet. »Zieht den neuen Menschen an, der nach dem Bild Gottes geschaffen ist in wahrer Gerechtigkeit und Heiligkeit« (Eph 4,24). Werde der, als den Gott dich geschaffen hat und als den Christus dich durch seine Auferstehung erneuert hat. Lebe die neuen Möglichkeiten, die Christus dir geschenkt hat.

Wenn Gott in Jesus Christus sichtbar erscheint und wenn er erscheint in seiner Gnade, in seiner zärtlichen Zuwendung, dann können falsche Vorstellungen, die wir von uns haben, wie Seifenblasen platzen. Da zerrinnt auf einmal die Vorstellung, dass wir nichts wert seien, dass wir von niemandem geachtet würden, dass wir alles verkehrt machen, dass alles sinnlos sei, dass es keinen Zweck habe, sich einzusetzen. Da spüren wir: Wir sind wertvoll. Dieser Gott erscheint mit seiner Gnade bei mir, dort, wo ich wohne und lebe. Er erscheint in meiner Stadt, in meinem Alltag. Alles wird von Gottes liebender Zuwendung geprägt, so wie eine Stadt sich für den Besuch eines hohen Gastes schmückt. Alles wird anders in meinem Leben, wenn ich daran glaube, dass Gott es zärtlich berührt, dass Gottes Liebe in alle Bereiche meines Alltags hineinleuchtet, dass er in alle Seitenstraßen meiner Seele kommt, um sie mit dem Licht seiner Liebe zu erhellen. Da hören dann die Klagen auf, dass man in meiner Stadt nicht wohnen könne, weil sie unbedeutend sei, bloße Provinz, die man niemandem zumuten könne, weil sie verschmutzt und armselig sei. Da hört das Jammern über meine Minderwertigkeit auf. Ich mit meiner Person bin so wichtig, dass Gott in mir erscheint mit seiner Liebe, dass er die Straßen meiner inneren Stadt durchschreitet und überall sein Wohlwollen, seine Zustimmung kundtut. Da gibt es nichts mehr in mir, was nicht von Gottes Liebe berührt ist, was von Gottes bedingungsloser Bejahung ausgeschlossen ist. (…) Dann werde ich nicht mehr fortfahren, mich selbst zu entwerten und mich selbst kleinzumachen. Ich werde mir gerecht, anstatt mich ständig in ungerechter Weise fertigzumachen. Ich lebe im Einklang mit mir, ich gehe gut mit mir um.

Was wir tun können, ist doch immer recht gering. Und doch sollen wir – so meint Benedikt – die Werkzeuge der geistlichen Kunst getreu üben, damit Gott unser Leben mehr und mehr verwandelt, bis sein Wort an uns wahr wird: »Was kein Auge gesehen und kein Ohr gehört hat: das Große, das Gott denen bereitet hat, die ihn lieben« (RB 4,77). Es ist eine Sichtweise, die uns bei all unserem geistlichen Tun doch Gelassenheit und Sanftmut schenkt, die uns befreit von allem übertriebenen Eifern, die uns unser Vertrauen auf Gott setzen lässt, der mit oder ohne Zutun unser Leben in seiner Tiefe wandelt, durch Erfahrungen von Liebe und Freude, von Leid und Schmerz, von Gelingen und Misslingen, von Stärke und Schwäche, von Geburt und Sterben.

Die tiefste Verwandlung, die uns erwartet, wird der Tod sein. Da wird unser irdisches Leben in göttliches Leben verwandelt, da werden wir in das Bild Jesu Christi verwandelt, wie uns Paulus verheißt. Und im Tod verdichtet sich die Erfahrung unseres Lebens, dass wir selbst diese Verwandlung nicht bewirken können, dass wir uns ganz und gar dem verwandelnden Gott überlassen müssen. Wenn wir alles aus der Hand geben, dann wird seine Hand uns neu formen. Wenn wir uns ihm übergeben, wird er uns einen neuen Menschen zurückgeben, den Menschen, der von seiner liebenden Hand neu geformt und geschaffen wird. Und ob wir viel oder wenig Verwandlung in unserem Leben erfahren haben, im Tod wird alles in uns hineingenommen in die verwandelnde Kraft Gottes.

Der vierte Schritt der lectio divina ist die contemplatio. Sie meint ein Beten ohne Worte, ein Verkosten Gottes ohne Gedanken, Gefühle und Vorstellungen. Contemplatio meint das reine Schweigen. Für die Mönche ist die Contemplatio immer Geschenk der göttlichen Gnade. Die ersten drei Schritte der lectio divina kann ich üben. Den letzten Schritt muss mir Gott schenken. Ich habe die Worte der Schrift gelesen und meditiert. Jetzt führen mich die Worte in das wortlose Geheimnis Gottes, in ein Geheimnis, das durch Worte nicht mehr ausgedrückt werden kann. Es ist ein reines Dasein, Einssein mit Gott. Ich sehe nicht etwas Bestimmtes, sondern ich blicke auf den Grund. Auf einmal wird mir alles klar. Ich bin eins mit Gott, mit mir selbst, einverstanden mit dem Leben.

Jede tiefe Erfahrung weist über sich hinaus und ruft in uns etwas wach, das nur von Gott her zur Ruhe kommen kann. Wer sich seine Sehnsucht selbst beruhigen will, der braucht immer mehr Erfolge, immer mehr Genuss, immer mehr Zuwendung, immer mehr Liebe. Und er überfordert sich selbst damit und er überfordert die Menschen, von denen er diese Liebe erwartet. Denn er erwartet dann von einem Menschen, was letztlich nur Gott zu schenken vermag.

Wenn wir uns in unserer Sehnsucht von den Menschen auf Gott verweisen lassen, dann hält uns die Sehnsucht lebendig. Wir bleiben wach, wir strecken uns über die eigenen Grenzen hin aus und wachsen über unsere Enge hinaus.

Indem ich mich vergesse, bin ich ganz frei, ganz von Gott ergriffen. Jetzt ist nichts anderes mehr wichtig. Meine Probleme sind nicht mehr wichtig, meine Schuld nicht mehr, mein psychischer Zustand nicht. Nur Gott allein zählt. Georges Bernanos sagt einmal, es sei eine große Gnade, sich selbst anzunehmen. Wir wissen, dass wir dazu ein ganzes Leben brauchen. Aber die Gnade aller Gnaden, so sagt er, ist, sich selbst vergessen zu können. Wenn ich mich selbst vergesse, bin ich ganz frei von mir geworden. Doch das kann ich nicht selber machen, sondern nur, wenn mich Gott ergreift und ich mich von meinem Gott ergreifen lasse.

Wir können Gott nur in Gegensätzen denken. Gott ist der unendliche Schöpfer, aber er ist auch der, der sich jetzt um mich kümmert, der mich jetzt liebend anschaut. Gott ist der, der das große Universum geschaffen hat, aber er ist auch in mir, mir innerlicher als ich mir selbst bin. Gott ist der barmherzige Vater, der mich liebend aufnimmt, aber er ist auch der Herr, vor dem mir nichts anderes übrigbleibt, als vor ihm niederzufallen. Gott ist mir vertraut, weil er sich mir geoffenbart hat und weil ich ihm in mir selbst begegne, aber er ist zugleich der ganz Andere, Unverfügbare, Unverständliche.

Tiefe Verwandlung geschieht immer dann, wenn ich selbst ohnmächtig bin, wenn ich nichts mehr tun kann, sondern einfach aushalten muss, was mir widerfährt. Was Gnade ist und wie Gnade mich verwandeln kann, das erkenne ich erst, wenn ich nicht mehr weiter kann, wenn ich hilflos am Boden liege und eingestehen muss, dass ich mich nie ändern und verbessern werde, dass ich von mir aus nie mein Leben an Gott ausrichten werde. Die Erfahrung der Ohnmacht ist die Voraussetzung meiner tiefsten Verwandlung.

Wenn ich die Welt um mich herum als Geschenk Gottes an mich behandle, dann hege und pflege ich sie, dann beute ich sie nicht aus, dann spiele ich mich nicht zu ihrem Herrn auf. Gott ist Herr über die Schöpfung. Sie spiegelt seine Herrlichkeit und seine Macht wider. In meinem Umgang mit der Schöpfung beachte ich immer, dass ich in ihr etwas von Gott berühre. Seine Schöpfung ist von seinem Geist durchdrungen. In der Schöpfung gehe ich daher im wahrsten Sinne des Wortes handgreiflich mit Gott um.

# Quellenverzeichnis

Seite 44; 45; 98; 99; 100; 128; 129; 138 aus: Anselm Grün, Die Quellen der Spiritualität, © Verlag Kreuz, Stuttgart 2005

Seite 42; 46; 63; 68; 84–93; 101; 102; 104; 105; 106 aus: Anselm Grün, Mit dem Leben in Berührung kommen, © Verlag Kreuz, Stuttgart 2003

Seite 60; 61; 62 aus: Anselm Grün, Bis wir uns im Himmel wiedersehen, © Verlag Kreuz, Stuttgart 2004

Seite 32; 139 aus: Anselm Grün, Heilendes Kirchenjahr. Das Kirchenjahr als Psychodrama, © Vier Türme Verlag, Münsterschwarzach, 2001

Seite 127; 130; 140 aus: Anselm Grün, Gebet als Begegnung, © Vier Türme Verlag, Münsterschwarzach, 2001

Seite 142 aus: Anselm Grün, Glauben als Umdeuten. Glauben – lieben – leben. © Vier Türme Verlag, Münsterschwarzach, 2002

Alle übrigen Texte sind aus den folgenden, im Matthias-Grünewald-Verlag von Anselm Grün erschienenen Büchern entnommen:
Jeden Tag leben. Täglich ein Text
Gut mit sich selbst umgehen
Der Verwandlung trauen
Tu dir doch nicht selber weh